ANTOLOGIA DEL SABER POPULAR

A selection from various genres of Mexican folklore across borders

Selections by
Frank B. Aguilar
Norah Alemany
Mary Bravo
Armando Escalante
Madeleine Fernández
Pedro Lira
Patricia Núñez
José R. Reyna
Susanna Robertson
Manuel H. Rodríguez

Prepared by
Stanley L. Robe

Monograph No. 2, June 1971
Aztlán Publications
Chicano Studies Center
University of California, Los Angeles

i

ANTOLOGIA DEL SABER POPULAR

AZTLAN PUBLICATIONS

Aztlán—Chicano Journal of the Social Sciences and the Arts.

Aztlán provides a forum for the publishing of scholarly writings on the Chicano community. The editors invite scholarly papers that are rigorous, thorough, original research and analysis in the social sciences and the arts related to Chicanos. Its broad interdisciplinary context stimulates discussion of social, economic, political, historical, philosophical and literary matters involving Chicanos. ($3.00 per issue.)

Creative Series

Literature and the arts are the most intimate reflection of man's growth as he passes through time. With this thought in mind, Aztlán Publications introduces the *Creative Series,* a proscenium for the works of Chicano artists of importance and influence in the current struggle for cultural survival of Chicanos.

No. 1—*floricanto en aztlán* by Alurista is a collection of 100 of Alurista's earliest work (1968-69). ($4.95 paperback and $8.50 hardback per copy.)

Chicano Law Review

The *Chicano Law Review* is a newly organized publication at UCLA. It has 3 major purposes: (1) to provide a scholarly forum for research into the community's legal problems; (2) to present the Chicano law student with the valuable experience that only a law review can provide; and (3) to help in providing the Chicano community with a better prepared community lawyer. ($3.00 per issue.)

iv

AZTLAN PUBLICATIONS

CHICANO STUDIES CENTER

Monograph Series

Editors: Juan Gómez-Q
                          Roberto Sifuentes

Technical Editor: Vicente Aceves Madrid

Monograph Series

The Monograph Series is intended for longer-than-journal-length articles and studies that cover some aspect of the Chicano experience. The series presents scholarly, original and innovative works that are selected both for their quality and their relevance to the Chicano community. Its broad range covers any topic in the social sciences, the humanities, the life sciences or the physical sciences. The editors invite manuscripts for consideration.

No. 1—*Mexican American Challenge to a Sacred Cow* by Deluvina Hernández is a critical review and analysis of two major university research studies that attempt to causally relate Chicano "values" with low academic achievement in the public school. ($2.00 per copy.)

All of these publications can be purchased by writing to Aztlán Publications, Chicano Studies Center, Campbell Hall Room 3121, UCLA, 405 Hilgard Avenue, Los Angeles, California, 90024.

NOTA

Los mexicanos al norte de Mexico entran a la época de los setenta con una preocupación intensa por la revaloración de sus antecedentes culturales. Esta preocupación se pone de manifiesto tanto en los centros pedagógicos como en los centros de concentración de la población mexicana. En las universidades se desarrollan programas de investigación en las humanidades y ciencias sociales, se establecen facultades de estudios chicanos y centros chicanos de investigación y se instituyen en las comunidades ya sean urbanas o rurales centros de arte y cultura.

La revaloración, tanto como la expresión cultural cobran en su intensidad el aspecto de un renacimiento. Han surgido posiciones ideológicas expresadas por sentimientos nacionalistas o por aserciones de un tercer mundo. Se buscan utopias colectivistas pero esencialmente hay un movimiento hacia el bienestar del pueblo mexicano que se encuentra ya asentado con raíces, en medio de una sociedad extraña, determinado ya a conservar sus valores.

Han salido elementos de expresión que caracterizan ese estado de ánimo. *Aztlán,* por ejemplo, identificado como el lugar de procedencia de los nahuatlacas, es hoy una expresión que refleja una posición ideológica y política. La palabra *Chicano* es una expresión de autodeterminismo social, un vocablo escogido por la comunidad para identificar sus miembros. Otra expresión es *La Raza,* ésta refleja una posición universal que delínea el humanismo del pueblo. *Carnalismo* es una palabra que advierte en su totalidad una función colectiva de hermandad. Conceptos de esta naturaleza desembocan en una ideología de movimiento con dimensiones universales.

Si por un lado los estudiosos se dedican a esa revaloración cultural, por el otro está la realidad expresa del pueblo mismo. Las masas continúan y perseveran a travez del tiempo y vienen reflejando su intimidad desde la antigüedad hasta el presente por medio de tradiciones, costumbres y creencias; las expresan en sus cantares, proverbios, adivinanzas cuentos, leyendas, fábulas, tradiciones, mitos y otras formas de expresión. Este conjunto pasa a formar el alma de un pueblo y va a rebasar barreras políticas y obstáculos geográficos, para encontrarse hoy en día como una expresión del saber popular al norte de Mexico.

Roberto Sifuentes

INTRODUCTION

Modern Mexican folklore is marked by a vitality and a variety of theme, regardless of the regional or local social and cultural circumstances that surround it. Its peculiar qualities derive from a combination of European and New World heritages, which 450 years after the arrival of Hernán Cortés and his soldiers have become so entwined that it is extremely difficult to separate one from the other.

Forms of oral and visual expression, derived from folk sources in Spain, have been transported to Mexico, but there they have been reshaped by regional speech preferences and the group attitudes of a new society. The tale, legend, riddle, proverb, and other folk items are applied to local situations and consequently acquire an outwardly Mexican stamp that is superimposed on the Spanish import. These modified forms rub elbows with the folklore of Mexico's native groups and other items of folklore that have sprung from the country's mestizo society in more recent times.

The indigenous roots of Mexican folklore have received the attention of anthropologists and linguists, particularly in the period since the Revolution. They have studied communities that maintain a non-Western manner of life and preserve one of the native languages of Mexico. Folklorists have been concerned more with folk elements that can be compared with European counterparts, especially those that betray a likely Spanish source. Both the anthropologists and the folklorists work with traditional folk expression that is transmitted orally in time from one generation to the next. Such folklore exists essentially in Mexico's rural areas, villages, and small towns, but rarely in urban centers.

Folklore, however, does not stand still, despite the stress that many would place upon those of its features that are conservative and traditional. It is a constantly moving force that reflects the creative activity of its transmitters as their surroundings and attitudes change. Within Mexico the period since World War II has seen an accelerated movement from the country and the small towns toward the larger cities and from interior Mexico northward to the towns along the boundary with the United States. The demand for farm labor in the latter country during and since the late war has increased the mobility of Mexicans north of the border and brought about an increased contact between them and their Anglo neighbors.

Although the cultural scene is clearly changing, folklorists have been reluctant to divert their attention away from the folk material of central Mexico's *ranchos* and villages. The extended urban area of Mexico's capital still has not received serious attention from folklorists. The northern states have been grossly neglected and the most extensive folk-lore studies from the Hispanic areas of the United States are those devoted to the traditions of the older settlements of New Mexico. The Mexican communities of Texas and California stand in especial need of study.

The anthology that follows this introduction presents a variety of oral folk material from Mexican sources, derived from traditional as well as newer formations and from the various genres available. Certain of the selections, because of their occurrence in other Spanish-speaking countries or their documentation in previous eras, are clearly traditional, for example, all of the folktales (Nos. 1-13), the children's games (Nos. 79-86), the riddles (No. 88), the proverbs (Nos. 89-110), and the portion of the *pastorela* (No. 87), a folk drama that is performed traditionally during the Christmas season. All these are of long standing and belong to Mexico's cultural patrimony. The belief legends concerning the water spirits known as *chanes* (Nos. 47a-47c) in all likelihood stem from pre-conquest native sources; possibly also the belief in the wailing woman commonly known as *la llorona* (Nos. 48-49).

Many of the newer folk expressions employ jests and anecdotes as their medium, contained in this selection as Nos. 14-41. Currently these shorter pieces appear to be gaining ground at the expense of longer narratives, particularly the traditional folktale. This trend would suggest a possible shift in the role of the oral narrative among Mexican peoples. The short items more and more reflect current social attitudes, perhaps more precisely attitudes toward adjacent cultural groups. These attitudes are prominent in the present body of material: Mexicans and Anglo-Americans (Nos. 31-35, 41), Mexicans and other nationals, i.e., Chinese or Germans (Nos. 27, 36-37), the immigrant of long standing as opposed to the recent arrival (No. 18), and the treatment of the wealthy contrasted with that given the poor (No. 17), among various others. These jests have received scant attention from serious scholars in the Hispanic field and the abundance of items contained here suggests certain profitable directions of study. From a more ample body of jests and anecdotes than is now available it should be possible to determine more precisely what attitudes are expressed and what groups are involved. It would seem probable that the genre is common to the entire Mexican area, yet there may be definite regional peculiarities. The potential for research in this direction is considerable.

Other genres reflect the contemporary scene but little or not at all. One clear exception to this statement, however, is the *corrido*, the verse form long used in Mexico to record its memorable events and sing the praises of national and popular heroes. For a combination of reasons, some of which are cultural and the others procedural, examples of the corrido do not appear among the Mexican selections presented in the pages that follow. Careful study of this verse genre presents difficulties that are not usually encountered when dealing with other folk manifestations. The true corrido is sung, usually to an accompaniment, by a singer or even by the composer himself. To present the text alone is an inadequate procedure that does an injustice to the true nature of the form as well as to the performer. In order to make available the complete corrido, the researcher must of necessity possess a degree of training in music that will permit him to accompany his text with a careful transcription of the melody and its accompaniment and provide a meaningful description of these musical features. Such an ability was not required of the student collectors who have generously contributed their materials to this volume. In view of the complications involved in their presentation, corridos have not been included here. Their absence, however, should not be considered a reflection upon the ability and the good will of the student collectors nor upon the interest and validity of the genre itself. Those who wish to acquire a broader vision of the corrido will wish to consult works of Mexico's greatest folklorist, the late Vicente T. Mendoza (1894-1964), particularly his *Lírica narrativa de México: el corrido* (Mexico, 1964). An ideal study that concerns an individual corrido, its hero Gregorio Cortez and his deeds, is Américo Paredes, *With his Pistol in his Hand* (Austin, Texas, 1958). Madeleine Fernández, one of the contributors to the present selection of Mexican material, studies a somewhat different form of traditional verse, the Spanish ballad, as it is sung in Los Angeles, in "*Romances* from the Mexican tradition of Southern California," in *Folklore Americas*, XXVI, No. 2 (December, 1966), 35-45.

The texts that are included here have been furnished in their entirety by students of the Department of Spanish and Portuguese of the University of California, Los Angeles. Without their diligence and devotion, this presentation of legitimate folk material would not have been possible. The collaborators are all of Mexican background or are devoted students of the popular manners of expression of the Mexican people. Equally important in this enterprise has been the willingness of the informants, the actual bearers of tradition and creators of more recent oral material who have shared their store of knowledge first with the collectors and ultimately with the larger community of readers.

With certain exceptions that will be noted, all the material was taken directly from Spanish speakers of Mexican background who reside in the greater Los Angeles area. The informants for the selections supplied by

José R. Reyna, however, are from south Texas in the area around Corpus Christi. Frank B. Aguilar interviewed informants in Tucson, Arizona, and Pedro Lira's materials are from Mountain View, Calif. Armando Escalante's pastorela fragment was collected in Oxnard, Calif. The complete list of student contributors is as follows: Frank B. Aguilar, Norah Alemany, Mary Bravo, Armando Escalante, Madeleine Fernández, Pedro Lira, Patricia Núñez, José R. Reyna, Susanna Robertson, and Manuel H. Rodríguez.

Other than to note the communities in which the materials were gathered, it has hardly been possible to indicate precisely the community in Mexico from which a folklore item may have made its way to the United States. A number of the texts indicate rather clearly the geographical areas through which they have passed, whether these lie in Mexico or the United States. In general, the political boundary between the two countries has been an ineffectual barrier to folklore. For this reason it has not been taken into consideration here.

Extreme care has been taken to provide accurate, reliable texts. All the longer items were first recorded on tape, then carefully transcribed to preserve as much as possible the speaker's original manner of expression. His own vocabulary, syntactical phrasing, and even his substandard forms of speech have been retained in order to provide a genuine Mexican expression and a series of texts that can be studied by a variety of disciplines. The prevailing language is Spanish, of which all the informants are native speakers. A reflection of longtime residence in the United States is evident in item 47c in which the informant Juana Sánchez Guerrero narrates sometimes in Spanish and other times in English, using both languages in the same story.

The collected materials have been arranged according to genre in accordance with the conventional categories that folklorists have set up. Each item has been assigned arbitrarily a number solely for the purpose of facilitating reference and following each the name of the contributing collector is noted, except in the case of beliefs and popular medicine, prayers, verses, riddles, and proverbs, where the items are extremely short and space limitations make it difficult to identify each contributor individually. The following have supplied the material for those categories:

Beliefs and Popular Medicine:	Norah Alemany, Pedro Lira, Manuel H. Rodríguez.
Prayers:	Manuel H. Rodríguez.
Verses:	Manuel H. Rodríguez.

| Riddles: | Norah Alemany, Mary Bravo, Pedro Lira, Patricia Núñez. |
| Proverbs: | Frank B. Aguilar, Norah Alemany, Pedro Lira, Patricia Núñez, Manuel H. Rodríguez. |

The folktales (Nos. 1-13) are told primarily for amusement, although occasionally a didactic purpose is apparent. Neither the storyteller nor his listeners assume that his story is true. Because many of the tales occur widely throughout Mexico and in other countries where Spanish is spoken, I have included in brackets at the end of each text the identifying numbers employed by folktale scholars according to the system devised by Antti Aarne and Stith Thompson in *The Types of the Folktale* (2d revision; Helsinki, 1961). The jests and anecdotes (Nos. 14-41) likewise have amusement as their purpose but they are shorter and consistently end in a punch line. Their numerical proportion in the following pages is indicative of their abundance in Mexican society but unfortunately relatively few have been collected for study. Neither have folklorists hit upon an adequate system for classifying these brief pieces. Those who desire a wider selection of Mexican folk narratives and a careful discussion of the genre should consult Américo Paredes, *Folktales of Mexico* (Chicago and London, 1970).

A variety of themes appear in the narratives that are considered to be legends (Nos. 42-54). Unlike the first two groups of texts, these are normally expected to be believed. They fall into two principal groups, those on religious themes, that involve a saint or some other religious figure, and others that deal with some form of belief held outside the system advanced by the established religion. The contents of this section are of interest because of the scarcity of reliable texts that relate to Mexico. Closely allied with these pieces are those that involve belief and popular medicine (Nos. 55-62). In addition to belief in omens concerning man's future, a variety of practices are noted here, concerning means of finding buried treasure, and combatting witchcraft and the evil eye, in addition to the prevailing popular home remedies and practices for treating the more common illnesses. The prayer texts (Nos. 63-66) tie in closely with those of the preceding section.

The verses (Nos. 67-78) and the children's games and lullabies (Nos. 79-86) are largely traditional. There is a close affinity between popular verse and the traditional Hispanic folksong. Some of those contained here undoubtedly belong to the latter category. Among the second group are games that Mexican children actually play as well as short verses and games with which adults amuse very small children.

Mexico's pastorela (No. 87) has been the object of frequent and thorough study, most recently by Juan B. Rael in *The Sources and Diffusion of the Mexican Shepherds' Plays* (Guadalajara, 1965).

The riddle (No. 88) consists of a short verse or statement which contains clues, often contradictory, upon which the listener must base an answer. Unfortunately there is yet no large collection of riddles available from Mexico. The appropriate answer is given at the right of each text included here. Undoubtedly the proverb (Nos. 89-110) is the genre of Mexican folklore that has been collected with the greatest enthusiasm. This situation stems in large part from the informant's own recognition of the proverb as an expression of his individual folk heritage.

The concluding section dealing with customs (Nos. 111-114) presents a Mexican's view of his society's traditional practices and rites at decisive points in life.

Little more need be said here concerning the Mexican folklore scene. It is time now for the texts to speak for themselves. They do so eloquently, be it from humble mouths.

S. L. R.

NARRATIVES 1

Folktales

CONTENTS

Jests and Anecdotes

NARRATIVES

Folktales

1. El hombre y el lagarto

Iba un señor por un arroyo, pos caminando por el arroyo, y salió un lagarto y ya el arroyo estaba seco. Y había un lagarto y él se condolió del lagarto y se lo echó al hombro y lo llevó al río. Luego que llegó al río—el lagarto tenía mucho tiempo de no comer—le dijo: —Oye, le dijo. —Pos yo te voy a comer.

Dijo: —¿Tú crees que un bien con un mal lo pagas?

—Pos, dijo. —Pos, yo tengo hambre.

—No es bueno que sea así, le dijo el hombre al lagarto.

Entonces el lagarto le dijo: —Deja que vengan tres personas, y lo que digan, eso vamos a hacer.

Llegó un caballo.

—Oye, buen caballo, ¿es cierto que un bien con un mal se paga?

Dijo: —Sí, dijo el caballo.

Entonces le dijo el hombre: —¿Por qué?

Dijo: —Cuando yo estaba nuevo, mi patrón me tenía en caballeriza, me desestía [sic], me bañaba y luego se montaba en mí y daba la vuelta. Ora que no serví pa nada me soltó a morirme de hambre.

Entonces éste ya se le hizo penoso.

Luego cayó un buey. Le dijo: —Buen buey, dijo. —¿Un favor con un mal se paga?

Dijo: —Sí, dijo el buey. Dice: —Cuando yo estaba nuevo me pegaba mi patrón en la carreta, en el arado, me chamuscaba, me daba rastrojo y ora que no sirvo pa nada me soltó.

—Bueno, dijo, —falta una persona.

Que era el coyote: —Oye, buen coyote, ¿es cierto que un bien con un mal se paga?

Dijo: —Asegún.

—Pues, ésta me lo hallé en un charco de agua, no de agua, seco, en un arroyo, y yo lo traje aquí, dijo, —y ora él me quiere comer.

Dijo: —Pos yo no les entiendo bien. Salte de áhi y que te cargue el hombre y te lleve al lugar donde estaba.

Entonces el lagarto salió y fue y lo acomodó de onde lo había levantado. Luego que lo acomodó dijo: —¿Así lo hallates así? Bueno, áhi déjalo por mal agradecido.

JOSE R. REYNA   [Aarne-Thompson 155]

1

2. El tacuache cola pelada

Había un viejito y una viejita que tenían una milpa muy productiva pero todas las noches venía un tacuache y se comía muchas de las verduras. No hallaban qué hacer. Al fin decidieron ponerle un mono de cera.

Esa noche vino el tacuache como de costumbre y se encontró con el mono. Le dijo: —Quítate de mi camino porque te voy a dar un fregazo.

El mono no contestó.

—Quítate de mi camino porque te voy a dar un fregazo, le repitió.

El mono no le contestó y el tacuache le dió un golpe y se quedó pegado.

—Suéltame, le dijo, —porque te voy a dar con la zurda.

El mono no lo hizo, y el tacuache le dió con la zurda y se quedó pegado.

—Suéltame, le dijo, —porque te doy una patada.

El mono no lo hizo y él le pegó una patada y se quedó pegado.

—Suéltame, le dijo, —porque te doy con la otra.

El mono no lo hizo. El tacuache le dió con la otra y se quedó pegado.

—Suéltame, le dijo, —porque te doy con la panza.

El mono no lo hizo. El tacuache le pegó con la panza y se quedó pegado. En la mañana vinieron los viejitos y lo hallaron pegado. Luego fueron y trajeron un poco de agua caliente y se la echaron encima. El tacuache arrancó enojado con la cola pelada y los viejitos le cantaron:

> —El tacuache se enojó
> porque no le dijo nada.
> Quería que le dijera
> "Tacuache cola pelada."

Jamás se volvió a parar por allí el tacuache y los viejitos se quedaron muy contentos.

FRANK B. AGUILAR   [Aarne-Thompson 175]

3. El que no conocía el miedo

Que ésta era uno que quería echar a andar el mundo, a andar de perdiero porque no conocía el miedo hasta donde encontrara una gente que le enseñara a tener miedo. Entonces empezó a caminar. No sé qué tanto tiempo haiga sido. El caso es que él echó a caminar.

Y entonces se echó a caminar. Y entonces se encontró con una muchacha que se enamoró de él. Y estuvo allí en esa casa y luego dijo que:

—Yo lo que ando buscando es que me enseñen a tener miedo. Pues aquí, ¿cuándo voy a, a conseguirlo? Es que no voy a conseguirlo nunca, que me enseñen a tener miedo.

Y entonces le dice a la muchacha enamorada, dice: —Sabes, ¿umm?, que yo me voy.

Y claro que ella se apenó mucho porque él se iba otra vez y ella ya estaba enamorada de él. Entonces le dijo: —¿Por qué motivo te vas?

Dice: —Sabes que yo me voy porque yo ando por el mundo a ver si hay quien me enseñe a tener miedo.

Dice: —¿Cómo lo hago para que tenga miedo?

Bueno, ella le hacía de distintos modos, y no, pues él no tenía miedo. Entonces ya se fue a una parte donde había pescados vivos. Y él haciendo su lonche para irse. Que se acostó para descansar un rato.

Y estaba él muy dormido cuando entonces va ella y le levanta la camisa. Y que le mete un pescado vivo. Y que despierta él, pues estaba dormido, y despertó de pronto y se le bullía el animal. Y entonces corre asustado.

Que dice: —¡Ay! ¡Quién sabe qué traigo acá! Y entonces le tuvo mucho miedo al pescado. Y era una cosa simple, que era un pescado, y ella lo enseñó a tener miedo. Y de allá pa' acá empezó a tener miedo a los pescados y se casó con ella y allí permaneció.

MADELEINE FERNANDEZ   [Aarne-Thompson 326]

4. El que se hizo compadre a la muerte

Que éste no quería morirse. Entonces dijo que de qué manera le iba a hacer, para no morirse. Entonces le dijo a la muerte que si no quería encompadrar. Que le dijo la muerte que sí.

Entonces le dijo que también quería le diera la oportunidad de ganar dinero.

Le dijo: —Mira. Sabes que tú, tú curas. Cuando me miras a mí en los pies, ése tiene remedio, y le haces, y le haces medicina. Y cuando me veas en la cabecera entonces no le hagas medicina. Al cabo ése ya no se alivia. Ya es para mí. Y todos los que esté yo en los pies, ésos son para ti.

Entonces le dijo: —Está bien.

Se le empezó a hacer sus curaciones. La vía en los pies y entonces le decía: —Aquí mero.

Luego le hacía remedio. Le hacía remedio y se aliviaba. Entonces ya afamó, un reteafamado, el doctor Fulano, ¿no? Pos que luego ya entonces se llega con uno, que de veras tenía dinero. Entonces dijeron, sus gentes dijeron: —Por lo que más quieras, si todo lo que tú quieras, te pagamos, porque nos lo salves de la muerte.

Entonces dijo: —Ya. Yo voy a ver, si lo puedo curar.

Y llega a la parte donde estaba el enfermo. Lo primero que va mirando, la muerte en la, la muerte en la cabecera. Que dijo: —¡Oh, éste no! ¡No me lo va a dejar! Pero es que lo voy a hacer la lucha. Pues, tanto dinero que me pagan. Voy a hacerle la lucha, porque todo el tiempo yo creo el interés ha sido el dinero.

Entonces le hizo una medicina y se alivió. Y luego recibió él aquella cantidad de dinero. Bastante, pues. El encantado, porque le había ganado.

Entonces al poco tiempo ya se ve otra vez con la muerte. Entonces le dijo: —Sabes que esa alma a mí me tocaba llevármela y no me la dejaste. Pues ahora te llevo a tí.

Y entonces cayó él en cama y se enfermó. Y sí se lo llevó a él la muerte.

MADELEINE FERNANDEZ   [Aarne-Thompson 332]

5. Los tres pelos del diablo

Este cuento se llama "Los tres pelos del diablo," y casi los . . . la mayoría de los cuentos comienzan con un rey o un reino, ¿verdad? Bueno, éste era un rey y una reina y tenían una hija, una hija única y que se puso enferma y mandaron traer a un médico, mandaron traer a otro . . . y la hija no se podía aliviar y entonces el rey, pues, dice: —Yo creo que los médicos de aquí de la ciudad no, no son suficientes.

Así que manda traer de unos países. Pues comenzaron a venir médicos de todo el país, a curarla . . . y no se puede aliviar . . . Entonces el rey desesperado, ¿ee?, mandó traer una bruja y brujos hechiceros, para ver si así la pueden aliviar. Y, pues vinieron, y luego una bruja que fue la que más acertó, dijo: —Pues yo le puedo decir con qué se puede aliviar la hija. Dice: —Pero yo no le puedo traer la medicina. Dice: —Su hija se alivia con una manzana. Con una manzana se ha de aliviar, comiéndose una manzana. Y dice: —Pero no sé cuál manzana es, ni de donde puede traerla.

Entonces el rey puso un aviso en el periódico. Dice: —El que traiga la manzana con que se pueda aliviar mi hija, dice, —se casa con ella . . . Si es hombre, ¿verdad?

Y . . . pues comenzó mucha gente a venir de muchos países, hasta personas de muy alta categoría y pues, no, comía la manzana y no se aliviaba, hasta que . . .

Entonces había un viejito muy pobre que tenía tres hijos y tenía un

4

manzano en su casa y entonces el hijo mayor le llevó la idea y le dice al padre: —Pues, ¿qué te parece si llevo una manzana a la casa del rey, el palacio? Quien quita, dice, —si se alivia con alguna de estas manzanas.

Y luego dice: —No, ¿qué vas a hacer. Muchas gentes de dinero y gente de . . . de esas de . . . nobleza han llevado de lo mejor. —No, dice, —no sirve esto.

Y dice: —No le hace. Voy a hacer el intento.

Y cortó las mejores manzanas que tenían y se fue a llevarlas y en eso estaba un árbol . . . en el camino que se iba . . . estaba un árbol grande, muy frondoso, y al pasar por allí salió un enanito ojeno, así como . . . y le dijo: —Oye, joven. ¿A dónde vas?

Dice: —Pues voy a llevar estas . . . no, dice. —Pues voy a una parte.

Y dice: —¿Qué llevas allí, en ese morral? ¿Qué llevas?

Y pensó y no halló qué decirle y, y dice: —Pues, llevo morcilla.

Y entonces dice: —Pues lo que dijistes es.

Y ya siguió caminando y llegó al palacio y ya los vasallos allí le dicen qué llevaba. Y dice: —Pues, saben que llevo una manzana . . . para el rey, para la hija del rey.

Y le dijeron: —Pásese.

Y ya lo pasaron hasta adentro y que allí vaciara lo que traía y al vaciarse era pura morcilla. Y entonces, pues ya el rey le dijo que ya no anduviera con esas bromas y que no se volviera a parar allí y salió y se fue y cuando llegó a su casa entonces su papá le dice: —Pues, ¿cómo te fue?

—No, le dice. —Pues me fue muy mal.

Y entonces el otro hijo, el segundo, le dice: —Pues ahora yo voy a tratar de . . .

Y su papá le dice: —No, le dice. —Pues ya cortó tu hermano las mejores manzanas y tú ¿qué vas a hacer con las otras que no sirven?

Y dice: —No le hace.

Y él, pues cogió de las que quedaban y se fue y al pasar por el mismo árbol, entonces se encontró con el enanito y le dice: —¿A dónde vas?

Y dice: —Pues, voy a la casa del rey.

—Y ¿qué llevas allí?

—Pues llevo puras patas de rana.

Dice: —Pues lo que dijiste, eso es.

Entonces fue, y al llegar otra vez le mandan como al otro. Lo pasaron para dentro y entonces dice el rey, dice: —y ¿estás seguro que ésas son las manzanas con que se ha de aliviar mi hija?

Dice: —Pues yo creo que sí.

Dice: —Bueno, pues.

Y hace que se lo vaciaran . . . y eran puras patas de rana.

No, pues ya lo regañó y hasta lo amenazó y le dijo que si otro salía con otra broma así que lo mataba. Y entonces ya lo despidieron de allí y al llegar a su casa se pusieron muy pensativos, ¿verdad? Tristes.

Entonces el hijo más chico dice: —Pues ya los otros hermanos hicieron el intento y ya trataron de . . . pues ahora yo también.

Y dice su padre, dice: —No, pues si tus hermanos que cortaron lo mejor que había del árbol les pasó esto, pues no. No, mejor que ya no vayas.

—No, dice. —Si yo voy a hacerle la última lucha.

Y entonces cortó las manzanas chiquitas, las más feas que quedaban y se fue. Y cuando ya pasó por el árbol le salió otra vez el enanito y entonces le dice: —¿Qué llevas allí?

—Pues llevo las manzanas con las que se ha de aliviar la hija del rey.

Y dice: —Pues lo que has dicho, eso es.

Y ya se fue caminando y llegó al palacio, y entonces ya no lo querían dejar entrar los vasallos sino que hasta que demostrara lo que traía allí. Dice: —Déjenme pasar que les aseguro que no es una broma.

Pues ya con la amenaza y todo lo dejaron pasar. Y cuando vio al rey y le dice que vacíe las cosas, le dice: —Pero no más que si ésta es otra broma, te va a costar la vida.

Pues no le importó. Dice: —Y no . . .

Ya vio que eran manzanas y no eran chiquitas como el que él había cortado sino que eran grandes. Pues luego luego se la llevó el rey . . . y se alivió.

Entonces salió y entonces el rey se agarró pensando: —No, pues, dice él. —La palabra del rey . . . nunca vuelve atrás. Tengo que cumplir mi palabra. Dice: —Pues la cumpliré. Dice: —Pero antes de eso tienes que hacer otras cosas, dice. —Te voy a poner otras condiciones.

Y dice: —Pues a ver cuáles son.

Dice: —Pues la primera es que en veinte y cuatro horas, es decir, de esta hora, tienes que traerme un carro que camine por la tierra, un . . . que vuele por aire como avión y que ande en l' agua como submarino. Y eso lo tienes que cumplir tú.

Pues ya era una cosa imposible, ¿verdad?

Pues el muchacho dice: —No. Pues ahora se desquitó para que no me casara con la hija.

Y ya salió . . . allá . . . muy triste. Entonces en el camino se encontró otra vez el enanito y entonces el enanito le dice: —Bueno. ¿Por qué vas tan triste?

Y le dijo lo que le dijo el rey, que tenía que hacer esto y otro . . . y es una cosa imposible. Dice: —No te apures. Yo te voy a ayudar, dice. —Mañana faltando cinco minutos vienes aquí al palacio, aquí en la

6

puerta, dice, —y yo te traigo el carro.

Pues al otro día faltando cinco minutos para la hora ya estaba allí y ahí estaba. Entonces el enanito se apareció con el carro y exactamente como tenía pensado en la mente del rey. Pues, ya abrió la puerta y se sorprendió al ver el carro y dice: —Pues esta prueba la has cumplido, dice. —Ahora, dice, —te voy a poner la segunda.

Entonces le dice: —Sabes que me vas a cuidar cien conejos. Conejos silvestres, ¿verdad? Esos que no más se echan al campo y . . . a correr. Cien conejos. Y dice: —Los vas a tener por veinte y cuatro horas, le dice.

Ahí soltó cien conejos. Y entonces el muchacho está triste porque se le habían ido todos los . . .

Entonces le dice: —No te apures. Te voy a dar una flautita. Dice: —Cuando los quieras reunir no más les soplas la flautita y todos los reúno otra vez.

Y entonces ya tenía allí todos sus conejos reunidos con él, cuando entonces llegaron unos vasallos del rey que iban en nombre de la princesa que querían que le mandara dos conejos, que se los quería comer. Pues ¿cómo se los iba a negar? Se los dio, ¿verdad? Y entonces se puso triste. Dice: —Pues, no. Ya me faltan dos conejos.

Y entonces el . . . este . . . el enanito dice: —No, le dice. —Esos conejos, le dice. La . . . la . . . no se los va a comer luego luego, pero yo te voy a decir a qué horas tocas el silbato y se van a salir del palacio y ya se le van a salir del palacio y se vienen y se te van a juntar.

Pues así lo hizo. Ya cuando tenía que ir allí entonces sacó su pitito y se le juntaron todos y se fueron a dar allá con él y llegó con todos los conejos juntos así como . . . los . . . fuera el . . . como un rebaño.

Pues el hijo está muy admirado del rey. —Ah, dice. —Esto sí que está muy . . . muy extraordinario. Y entonces dice: —Pues sabes que te voy a dar veinte horas de plazo para que piense en la otra comisión que te voy a dar.

Y ya se fue, y volvió a eso de las veinte y cuatro horas y entonces dice: —Sabes que me vas a traer tres pelos del diablo.

Y dice: —¡Uu! ¡Pues ahora sí que me arruinó. No, dice. —Con las otras sí había manera con la ayuda del enanito ese . . . pero, eso con el diablo . . . ya, ya no.

Y entonces se fue otra vez triste. Y entonces el enanito, como siempre, se le apareció, salió con él. Y entonces le dice: —Sabes que . . . que te voy a dar una pluma de águila y la vas cargando, y cuando me necesites no más la frotas y ahí estoy para ayudarte.

Y ya le dijo por dónde tenía que irse y más o menos el camino que tenía que seguir y todo. Y se fue. Entonces fue él, camina y camina, y en la primera casa donde llegó, donde se le hizo de noche, allí fue que dio posada y las personas le dijeron: —Bueno, señor. Pues, ¿dónde va usted, señor? Este camino es muy desconocido. Casi nunca nadie pasa por aquí.

Y dice: —Pues, voy a la casa del diablo.

Y dice: —¡Uu! Dice: —Joven, más vale que se devuelva porque todos los que han pasado ninguno ha regresado.

Y entonces dice: —No. Dice: —Pues, yo tengo que seguir . . . a ver lo que me pase.

—Bueno, dice. —Pues ya que van con el diablo, dice, —entonces quiero que me haga favor de decirle con qué se alivia mi marido que está hechizado, que ya tiene quién sabe cuántos años que hace en la cama y no puede hablar ni nada, quién sabe qué, ni se mueve ni nada, nada más anda hechizado y . . .

Entonces dice: —Está bien. Yo le digo.

Y entonces siguió caminando y a la siguiente noche se volvió a quedar en otra casa y le dijeron lo mismo también, que mejor se devolviera porque los que habían ido para allá no volvían y entonces él insistió en que tenía que seguir. Entonces le dijeron: —Ya que insiste, ya que se anima a ir, dice, —entonces quiero que nos haga un favor, dice, —preguntarle al diablo que dónde se encuentran unas joyas, unas alhajas y dinero enterrado que tenían perdido.

Que no sabían dónde estaba, en su casa estaba, pero no lo podían encontrar. Y quién sabe qué tantas joyas. Pues ya se fue.

Y entonces al tercer día llegó a un puente y estaba un señor de remos allí remando . . . y entonces le dice: —¿Por adónde vas? ¿Para dónde quiere ir?

—Pues, páseme al otro lado, le dice.

Dice: —Pues, ¿pa dónde va?

—Para allá.

—Nadie pasa para allá. El que pasa no vuelve. Y dice: —Y ¿sabe para dónde va pasando al otro lado?

—Sí. Dice: —Voy a la casa del diablo.

Y dice: —Pues lo siento mucho, dice, —pero no va a volver.

Dice: —Pues no le hace.

Dice: Bueno, ya que va para allá con el diablo, le dice, —pregúntele por favor, dice, —qué puedo hacer para soltar los remos, dice, —porque yo estoy como encantado aquí. Ya tengo quién sabe cuántos años de mi vida aquí en esta barca y tengo las manos pegadas a los remos. No los puedo soltar.

—Está bien. Yo le pregunto.

Entonces siguió caminando hasta que entonces comenzó allí un estruendo y muchos vientos fuertes, ¿verdad? Que hace muchos ruidos y los árboles como que se caían . . . y una cosa así asombrosa. Y se comenzó a oscurecer todo. Entonces ya se vió él muy asombrado, muy asustado. Entonces frotó la esa . . . la pluma del águila y en eso se apareció el enanito y dice: —¿Para qué puedo ayudarte?

Dice: —Pues, sabes, dice, —que se me hace muy . . . muy asombrado todo esto. Dice: —Y tengo miedo.

—No te acobardes, dice, —tienes que seguir tu lata poquito y es en tal lugar y en tal parte. Y entonces dice: —Tienes que llegar y tocar con mucho cuidado, dice, —porque si no está el diablo, va a salir la madre del diablo, y si es la madre del diablo aunque te asuste, dice, —ella te va a proteger.

Pues ya se fue y ya cuando se iba . . . entre más se iba acercándose, más asombroso se iba poniendo, hasta que llegó ya donde vio la puerta donde vivía el diablo, que salió lumbre y . . . todo feo, ¿verdad? Y entonces se le ocurrió apuntar para tocar a la puerta, haciendo como que ya estaba . . . y entonces se quemó el dedo.

No, pues allí ya llegó y no sé cómo se hizo saber que allí estaba, ¿verdad? Y salió un . . . como un . . . este . . . como un animal . . . una cosa así grande, ¿verdad? Y que ¡ruun! Se lo quería comer. Y dice: —No, ni me comes, dice, —que vengo a visitarlos.

Y entonces ya lo pasó y entonces le dice: —No, le dice. —Pues te deberías de ir porque si viene mi hijo, pues . . . , la madre le dice. —No está aquí, pero si te ve te va a comer.

Pues entonces ya estuvo platicando con ella y todas las preguntas que le iba a hacer al diablo, y que necesita los tres pelos del diablo y le dice: —Bueno, sí. Escóndete.

Y lo escondió no sé dónde y dice, dice: —A ver si lo puedo detener, pero se me hace que te va a comer.

Luego en ese momento se oyó como que se desbarataba la tierra y en eso llegó el diablo y entonces le dice a ella, le dice: —¿Qué tienes aquí? Me huele a carne humana, dice. —Si no me la das, te mato a ti. Te como.

Entonces dice: —No, si no es nada. No es nada. Acuéstate, mi hijo, para que descanses.

Y ya le hizo para que se acostara allí y le empezó a sobar para que descansara y en eso cuando estaba allí, le dio un jalón de pelo: —¡Uuuuy!, gritó el diablo, como que se le quiso echar encima. Y entonces le dijo:

Y entonces le dijo: —No, no, no! No es nada, nada. Bueno, ya que despertastes, dime, ¿con qué puede soltar los remos el remero que está en tal río en tal parte?

Dice: —Pues sabes que los puede soltar solamente que otra persona los agarre y se quede encantado.

Entonces ya se quedó dormido otra vez y entonces le vuelve a jalar otro, ¿verdad? Y al sacarlo volvió otra vez a gritar y a enfurecerse y ¡otra vez como que se le echa encima y entonces dice: —¡Ah, no! No es nada, pero ya que despertastes, dime, ¿en dónde están escondidas las joyas de tal casa en tal parte, y un tesoro.

Y le dijo: —Pues, el tesoro, dice, —está en la cocina y las alhajas están debajo de una escalera que está fuera en el patio.

Y entonces ya se quedó dormido otra vez y a la tercera vez que le quitó el otro pelo, entonces ya casi se quería comer a la madre, ¿verdad? Y ya que lo calmó le dice, dice: —Pues ya que despertastes, dime dónde . . . ¿con qué se puede aliviar el enhechizado que está en tal parte?

Y ya le dice: —Pues, con la hierba fulana que encuentras en tal parte no más que la cojan y se la den de este modo y de este otro. Con eso se alivia.

No, pues ya se quedó dormido otra vez, y entonces al poquito . . . hizo ya al despertar . . . le hizo para que se fuera, y se fue.

Y entonces dice: —Vete lo más pronto que puedas y retírate de aquí. Si te ve mi hijo, entonces . . . ¡quién sabe! Entonces ya le dio las gracias y se fue.

Ya comenzó a caminar y llegó arriba, donde estaba el remero aquel y luego le preguntó: —Aa, ¡cómo me sorprende verte!, dice, —porque nadie ha vuelto . . . . A ver. ¿Qué te dijo el diablo de la pregunta que te encargué?

Y dice: —Páseme al otro lado y luego le digo.

—¡No, no, no! ¡Dime de una vez ahorita.

Dice: —No, hasta que lleguemos a l'otra orilla.

Y se bajó y entonces dice: —Sabe, que me dijo que . . . puede soltar los remos solamente que otra gente agarre los remos. Entonces los suelta . . . porque la encantada es la barca.

Y entonces dice: —¿No quieres darte otra vueltita?

—No, dice, —es que voy de mucha prisa.

Y entonces siguió caminando y llegó donde los que estaban, los que tenían el dinero perdido, y ya les dijo todo donde estaba y todo y buscaron y lo encontraron y entonces de gratitud, de recompensa, le dieron bastante dinero a él. ¡Uu! Ya se fue con el dinero ahí muy contento y cuando llegó al tercer lugar—o sea el primero a que llegó—ya le dijo a la mujer del hechizado que estaba allí de las hierbas y ya le hirvieron las hierbas y se alivió y también le dieron bastante dinero.

Pues ya se fue caminando y llegó a la casa de . . . al palacio del rey, le dice: —Pues aquí tiene usted los tres pelos.

Pos entonces dice: —Ya, ya esto no tiene remedio. Te vas a casar con mi hija. Y entonces le dice: —Y ¿de dónde trajiste tanto dinero?

—El diablo me dijo que como nadie lo visita y yo fui el único que fue a visitarlo, pues le dio mucho gusto y me lo dio.

Y entonces el rey: —Pues yo voy a ir con el diablo también para que que me dé dinero.

Pues se fue el rey también, haciendo las mismas paradas, y al llegar con el de los remos, allí lo dejó. El remero se libró y el rey se quedó encantado.

NORAH ALEMANY   [Aarne-Thompson 461]

6. Salió con su domingo siete

Hay muchas veces que uno dice "Ahí salió con su domingo siete," ¿no? Bueno, pues este cuento es de dos jorobados.

Había un pueblo que . . . había dos jorobados y . . . ps . . . ya la gente no los quería, y se encontraban ellos, y entonces se decían: —¿Qué hubo? ¿Cómo te ha ido, hermano?

—Pos mal, decía. —Ya no me quieren. Yo, la verdad . . . , dice, —yo me voy a d'ir de este pueblo, dice. Ya nadien nos quiere ver.

—Pos, ¿a dónde nos vamos?

—Pues no, dice. A ver dónde me voy.

Bueno. Se fue . . . no más . . . a andar . . . a andar. Se fue ahí, pues, sin rumbo. Bueno, por allá de mucho caminar de, muchos días, ¿eh?, dio con una . . . con unos enanitos, ¿eh?, los duendes, familia chica, ¿verdad? De casa chica. Pues ellos tenían su vida y ellos . . . cuando llegó él . . . vio un rumor allí, ruido. Se quedó viendo allí . . . a ver qué es lo que cantaban y luego lo que cantaban era . . . ¿eh? . . . la canción era:

> Lunes y martes y miércoles tres,
> Lunes y martes y miércoles tres . . .

Y de ahí no salían. Se les metía los tres días y entonces él se quedó . . . y entonces él les contestó. El dice:

> Jueves y viernes y sábado seis,
> Jueves y viernes y sábado, seis . . .

Entonces . . . bueno ya que oyeron qu' él les contestó, luego volvieron a ver quién había cantado y luego vieron que era él. Y ¡Uuu! Pos ya lo recibieron muy bien . . . y entonces . . . ¿Ee? Ya le dijeron que, bueno,

11

lo recibe . . . ., ¿ee?, que, que el señor . . . ¿aa?, completara su canción, porque esa canción era la canción de la joroba, y él se las completó.

Ya le hicieron mucho . . . fiesta, de comer, lo que él necesitaba y . . . bueno, le, le quitaron la joroba y ya . . . no, pues ya muy contento, ya se fue allá y ya llegó al pueblo donde él había venido y ya con dinero y a gusto y sin joroba. Pues ya que llegó al pueblo se vio otra vez con su compañero, que el otro no lo conocía, pues ya estaba diferente.

Dice: —Oyes, ¿que ya no me conoces?

—Pos, ¿que tú eres?

—Yo, yo.

—¿Qué pasa?

—Pues . . . ¿ee, ee?, dice.

No, pos ahí ya le platicó lo que pasó y dice: —¡Uuummm! Pos entonces dice! —Pos yo también voy a ir.

Y ya fue él, también a, pues, a ver si también conseguía algo, ¿verdad?

Y no, pues ya que, y ya los halló allí otra vez cantando, a los enanitos . . . cantando la canción de la joroba:

Lunes y martes y miércoles tres,

Jueves y viernes y sábado seis,

Jueves y viernes y sábado seis.

Muy contentos allí. Era cuestión de fiesta. Pues luego él ya no oyó más, y dice: —Pues todavía cabe un día . . . pues, domingo. Y luego va a salir: —¡Domingo siete!

Y luego voltearon: —¡Mal ajo para ti!

Lo agarraron a palos, y le hicieron dos jorobas. Y volvió a su casa otra vez con ese . . . bizocho.

—¡Uuu!, dice.

Y ya ése, ése sí se atrasó. Por eso salió con su domingo siete.

NORAH ALEMANY   [Aarne-Thompson 503]

7. [El pescador y su esposa]

Que había . . . que era un señor que era un pescador y tenía su esposa y los dos vivían en una casita por allá, mul sola. Y en eso . . . en esa casita había . . . una vez se encontraron una . . . se estaban . . . muy pobres. Carecían de . . . solamente lo necesario. No tenían dinero para comprar nada porque la pesca no les daba nada y en eso una vez encontraron en una . . . en un agujero, allí en la casa, ¿verdad? Un papelito y una mano de chango . . . seca, así ya.

Y entonces en esos papelitos decía que en esa mano concedía tres gracias, o tres peticiones a los que les pidieran, ¿verdad? Del por qué de esa mano y todo, total que . . . entonces, luego comenzaron a . . . en muchas cosas que hacer y que hacer y esto y el otro.

Y la esposa del pescador, pues puro pescado comía todos los días, no comía otra cosa y ya tenía ganas de comer otra cosa. Entonces, le gustaba mucho el chorizo, y entonces se avorazó, luego lueguito, a decirle a la mano: —Yo quiero que me concedas, dice, —un quién sabe cuántos metros de chorizo.

No, pues a distancia de . . . como una soga.

Y luego entonces el pescador se enojó y dice: ¡No, hombre! Pues vayas pensando en esas cosas. Piensa en cosas mejores.

Y luego le dio tanto coraje y . . . ¡zas!: —Que se te pegue en la nariz.

Pues se le pegó el chorizo en la nariz. Y luego entonces se quedó. Y él se . . . entonces el dinero es una cosa más importante, ¿verdad? Y él quería hacerse rico, y aprovechándose su oportunidad . . . y ahí, su mujer allá llorando, con su nariz de chorizo. Y luego le dio lástima y dijo: —No, mejor que se le quite a mi mujer el chorizo.

NORAH ALEMANY   [Aarne-Thompson 750A]

8. El ranchero y el hijo tonto

Una vez había un ranchero que tenía un hijo ya grande que no se había casado por ser tan tonto. Un día decidió el padre a llevarlo a la iglesia a que viera a las muchachas salir de misa. Cuando salieron, el hijo se quedó bobo y no supo qué hacer.

El padre le dijo: —Hay que echarles ojos a las muchachas, tonto.

El siguiente día fue el hijo al becerral y les sacó los ojos a unos becerros. Luego se fue a la iglesia. Cuando las muchachas pasaron cerca, les echó los ojos sobre ellas. Las muchachas lo abofetearon y corrieron.

El padre dijo: —¡A que mi hijo tan tonto!

FRANK B. AGUILAR   [Aarne-Thompson 1006]

9. [El rey y el adivinador]

Este era un rey que se le ponía alguna cosa en la cabeza y mandaba destendir (?) un circular, y él pensaba en una cosa y quería que le adivinaran de qué era la cosa que les iba a enseñar. Y si le daban al mono, como dice el dicho, les daba dinero, y si no, los mandaba matar.

Y entonces fue uno que ya había adivinado varias cosas y no pudo acordarse de qué era el cuero del tambor que tenía, y dijo: —Aquí sí que torció la puerca el rabo.

Dijo: —Mira. ¿Cómo sabías? Le atinastes. Es de cuero de marrana el tambor.

JOSE R. REYNA   [Aarne-Thompson 1641]

10. La familia sorda

Una vez había una familia sorda. Era el viejo, la vieja, una hija y un hijo. Un día el viejo andaba arando la milpa cuando llegó don Chema a darle los buenos días y a saludarlo. Le dijo: —Buenos días. ¿Cómo está su familia?

El viejo sordo creyó que don Chema venía por el dinero que le debía por la mula y le contestó: —Mañana le llevo sus seis reales que le debo. ¡No sea tan molón!

Y don Chema se fue porque no lo podía sacar de eso aunque le gritaba. Luego el viejo regresó a su casa a comer y le dijo a su esposa: —A que no crees, vieja, que vino don Chema a cobrarme los seis reales que le debo.

La vieja creyendo que el viejo le decía que don Chema le ofrecía unas acecinas de carne le contestó: —¿Por qué no las cogiste, viejo tonto, aunque hubieran estado oliscas.

Luego la vieja fue a decírselo a la hija. La hija como estaba ansiosa de casarse creó que don Chema había venido a pedirla y le contestó: —¿Por qué no le dijo que sí? Que yo estoy lista.

La hija fue luego a contárselo al hermano. El hermano como andaba todo desgarrado creyó que le decía que don Chema había venido a ofrecerle un par de pantalones y le contestó: —¿Por qué no le dijiste que me los dejara aunque estuvieran anchos y faldilludos.

Y así acaba el cuento, cada sordo oye a su convenencia.

FRANK B. AGUILAR   [Aarne-Thompson 1698]

14

11. [Con la intención basta]

Un hombre fue a confesarse con el cura. No más le dijo: —Padrecito, no tengo mucho tiempo, no más dos cosas le voy a decir.

—Sí, hijito, dijo, —'tá bueno.

—Pensé matar, padrecito, y no maté. ¿Verdá que no pequé?

Dijo: —Sí. Con la intención basta.

Entonces se metió la mano a la bolsa él y el cura puso la mano.

Y entonces: —Hijito, no me diste nada!

Dijo: —Con la intención basta, padrecito.

JOSE R. REYNA   [Aarne-Thompson 1804]

12. El tiolito

Que era un tirador, y como los tiradores, cazadores que se nombran, son muy embusteros, y entonces él contaba muchas charras. Que él decía que entonces eran cazadores con flechas. Tiraba una flecha y por donde iba la flecha iba matando venados y a las últimas cuando ya la flecha se rendía, se quedaba en un palo o en un árbol clavada, no más haciéndose así, no más meneándose.

Entonces luego, ya tenía él su señora, y luego le decía que, que le, le tenía que llevar su bastimento un día. Decía un día: —Me tienes que llevar el lonche por donde pasan los venados porque en un de repente voy a subir yo a un venado pa' pasearme en la montaña.

Y ella no se la creía. Y se llegó un tiempo, que luego entonces ya se tiraban con carabina, porque primero tiraban con flecha y luego ya se acostumbró carabina. Y entonces los venados le llegaban hasta el cañón de la carabina. Y luego le subió al venado y el venado lo paseaba por el cerro.

Así es por donde iba caminando por las posaderas del, las huellas de los venados, ella le dejaba las tortillas, le dejaba las tortillas colgando, para que él de pasada las agarrara. Así anduvo mucho tiempo hasta que se enfadó. Y entonces se bajó del venado y ya lo traiba como caballo.

MADELEINE FERNANDEZ   [Aarne-Thompson 1890-1909]

13. Cuento del enfadoso

Este era un gato
Con los pies de trapo
Y los ojos al revés.
¿Quieres que te lo cuente otra vez?

FRANK B. AGUILAR   [Aarne-Thompson 2320]

14. [De pericos]

Una periquita tenía un sacerdote . . . y la señora era de la gente que iba allí . . . y veía gente la periquita y le gustaba mucho, pero el padre la había enseñado na más a rezar. Todo el tiempo estaba reza y reza. Entonces la señora busca comprar algún otro perico o periquita y se encuentra un perico, pero era un perico muy mal hablado, era de un arriero.

Entonces va y le dice al padre: —Oiga padre, le dice, —yo creo que mi periquito tiene el diablo, ¿por qué no me lo bendice?

—¿Por qué?

—Pues nada más está diciendo malas palabras. Y dice: —Mira, vamos haciendo una cosa. Vámonos trayéndolo aquí con la periquita y ella lo va a enseñar allá a rezar.

Y entonces traen el periquito y lo meten en la jaula de la periquita, y luego el periquito la ve y luego le dice: —Periquita, periquita, vámosle haciendo el amor.

Y ella reza y reza. Y la seguía: —Periquita, periquita, vámosle haciendo el amor.

Y se hacía a una esquina, y la periquita reza y reza. Y decía: —Andale, periquita. Vámosle haciendo al amor.

Y entonces la periquita le dice: —Pos, ¿por qué crees que estaba rezando toda mi vida.

NORAH ALEMANY

15. [De pericos]

Era un arriero que tenía mucha hambre y luego . . . no había restoranes ni nada, ¿verdad? Y una casita que encontró . . . llegó y le tocó. La señora allí . . . y salió.

—Oiga, le dice. —¿No tiene algo que me venda? Traigo mucha hambre.

—Pues no, señor, le dice. —Aquí no es fonda.

—No, algo que usté tenga, de lo que tenga. No le hace, yo le pago.

—Pues, no. Pues no hay nada. No tengo ni carne ni nada que hacerle.

—Pero ahí tiene ese perico.

—Pues, dice, —no. ¿Cómo voy a matar ese perico, si con ése vivo?

—Pues usté no sabe lo que tiene allí. Si la carne de perico es muy carísima. Esa vale como a cincuenta pesos el kilo.

—Y no, pues que, ¿de veras vale tanto?

—Sí, señora, dice. —Usté ¿por qué no lo mata y hace una comida? Sale muy carísima.

—Bueno, pues. Estaría bien. Ya a los cincuenta pesos.

Y se puso a pensar. Ya lo agarró y lo mató y se puso a freírlo, ¿verdad?

Ya cuando estaba frito el perico, entonces le dice: —Bueno. Entonces déme usté lo que sean diez centavos.

NORAH ALEMANY

16. [De pericos]

Y luego viene otro perico. Este lo tenían en una tienda, y un día llega un señor a comprar frijol, y el de la tienda estaba atrás, ¿verdad? No lo vio. Y dice: —¿Cuánto vale el kilo de frijol?

Y el periquito le dice: —Cinco centavos.

—Pues me voy a llevar diez kilos.

—Péselos usté, le dice la perica. Pero él no sabía quién estaba hablando, así que . . . pues llevó diez kilos y dejó allí los cincuenta centavos. Y se fue.

Entonces el de la tienda viene y ve que vendieron su frijol por cinco centavos el kilo, si era . . . que valía creo que a peso. Y entonces le dijo el periquito que él había vendido. Entonces le dio mucho coraje y le cortó todo el copete y lo echó afuera en la ventana, en la reja.

Y venía un señor que no tenía cabello, calvo, y le dijo el periquito: —¿Tú también vendiste frijol barato?

NORAH ALEMANY   [Aarne-Thompson 237]

17. [El pobre y San Pedro]

Este era un proletario, un Juanito que no tenía ni un centavo. No tenía en qué caerse muerto. Pues: —¡Uu! ¡Cuando me muera, ya quisiera, porque me va a recibir San Pedro con los brazos abiertos!

Creía que iba a ser la gran cosa en el cielo. A veces veía pasar un entierro y decía: —¡Ja!

En el cielo todos iban a ser iguales.

Pasó el tiempo. Llegó a viejo y el hombre y se murió. Entonces llegó al cielo y le tocó la puerta a San Pedro. ¡Tan, tan! Y nadie le abría, ¿no? Ni le hacía caso. Entonces de repente oye que con muchos estruendos se abren las puertas del cielo y entonces . . . se adelanta.

—¡Pues aquí fue donde!

Ya se sentía que era igual a todo el mundo, y llega San Pedro con la mano extendida y él creyó que era para él el saludo y de repente lo echan a un lado. Y dice: —Pues, ¿qué pasa?

Entonces San Pedro se sigue de frente y estaba un rico llegando a . . . con su limosín y sus criados y todo su cortejo. Pues entonces, el indito, el proletario, le pregunta a San Pedro: —Pues, ¿qué pasa, hombre? ¿No que todos somos iguales?

Y dice San Pedro: —Sí pero los de ustedes, de tu raza se mueren muchos y los ricos no, de vez en cuando.

NORAH ALEMANY

18. Don Cacahuate

Don Cacahuate se pasó de mojado, de alambre, como dicen, ¿no? Entonces venía camina y camina por todo el desierto, ¿no? Entonces sale a la carretera y . . . ve un mexicano y le dice: —Oiga, señor, ¿cuánto me falta para llegar a Indio?

Y le dice: —Pues no más las plumas, desgraciao.

Y luego se sigue caminando, ¿no? Pero se pasa Indio, y sigue caminando. Entonces traía un hambre. Y luego se llega a una huerta y había puros elotes, ¿no? Y entonces se pone a comer elotes y que le da una diarrea con los elotes. ¡Híjole!

Y ya viene caminando con más diarrea que nada, y llega a la Siete y Broduey, llegó aquí a Los Angeles, ¿no? Y ya no aguantaba las ganas, y pues cierra los ojos y se . . . sienta allí en media calle y va el policía que está dirigiendo el tráfico y lo ve que es mexicano y dice: —¿Cómo le diré a este mexicano que no, no se puede hacer eso aquí?

Y luego sabía poquito español y va y le toca, ¿no? Y abre los ojos don Cacahuate y luego le dice: —¡Eyh, amigo! ¡Es delito!

Y le dice: —¿Qué delito? ¡Es de elote!

NORAH ALEMANY

19. Don Cacahuate

Don Cacahuate . . . que ya está enfadado, ¿verdad? Porque decía que trabajaba mucho y no ganaba. No podía darle, pues, ¿ee? No podía mantener siempre a su esposa.

Entonces dice: —Sabes, vieja, que yo creo que yo tengo que viajar.

—Pero, ¿cómo, le dice, —si no tenemos dinero?

Dice: —No te preocupes, yo soy experto en, en trampear a trenes, ¿verdad?

Y entonces le dice: —Pues sí, le dice. —Bueno, pues. Si tú me dices cómo, entonces sí le trampeamos.

Dice: —Mira, vieja, le dice. —Nos vamos mañana temprano y el tren pasa a tales horas y yo te voy a decir cómo, le dice. —Cuando el tren . . . lo veas que viene, dice, —le prendes un agarrón a la máquina para que vengas agarrando el cabuz, el último carro. Pero te pones lista.

Y luego entonces, en eso, en eso . . . ya cuando venía el tren, la mujer se puso muy lista, ¿verdad? Le tiró el agarrón a la máquina y se subió.

Y don Cacahuate, pues ya no aguantó, ¿verdad? Y entonces se levantó y luego entonces le dice: —¡Vieja, bájate, bájate!

Y le dice: —¿Por qué? Que ¿éste no es el tren en que nos vamos a ir?

Y entonces la mujer se bajó, ¿verdad?

—Pues no. Este no es el tren en que nos vamos a ir. Y entonces le dice: —Pérate, ése no era el tren.

Y entonces, cuando venía otro, entonces: —¡Ahora, sí! ¡Ponte lista!

Y luego entonces la mujer dice: —Bueno, mejor me espero a que suba primero, ¿verdad?

Pues ya cuando venía llegando el tren, pues él le tiró el agarrón y no más alcanzó a agarrar con la mano y se fue arrastrando. Lo llevaba arrastrando . . . y entonces le gritó la muchacha: —Pero, ¿qué vas haciendo, con los pies arrastrando?

Le dice: —Pues lo voy deteniendo para que te subas.

NORAH ALEMANY

20. Don Cacahuate

En una ocasión estaba don Cacahuate contando cómo lo había cogido la policía. Uno de los que estaban escuchando su relato, refiriéndose al momento en que fue aprehendido, le preguntó: —Y, ¿cómo se puso?

A lo cual él contestó: —Pues descolorido. ¿Que con la ley se juega?

El que preguntaba la pregunta se refería al nombre que había usado don Cacahuate.

PEDRO LIRA

21. Don Cacahuate

En una ocasión don Cacahuate, que era muy pobre, le dijo a su esposa: —Mujer, dame un cafecito.

Dice ella: —Pero, ¿con qué, viejo?

Contesta él cándidamente: —Pues con leche y azúcar. Ya sabes cómo me gusta.

PEDRO LIRA

22. Quevedo

La reina era coja, y le dijeron a Quevedo: —Te apuesto a que no dices a la reina que es coja.

Y él dijo: —Te apuesto que sí.

Le dijeron que no. Dijo Quevedo: —¿Cuánto apuestas?

—Pues, cien reales.

Entonces fue Quevedo. Se acercó a la reina y le dijo:

Su majestad hermosa,
Entre el clavel y la rosa,
Su Majestad escoja.

NORAH ALEMANY

23. Quevedo

Esto era en la época de la Inquisición, e iba Quevedo por las calles. Entonces pasaba el sereno y entonces estaba rezando Quevedo y estaba rezando el Ave María e iba en la parte donde dice "Bendito seas."

Entonces le preguntan: —¿Quién anda?

Y dice Quevedo: —Quevedo se va a acostar . . . entre todas las mujeres. Amén.

NORAH ALEMANY

24. [La carta a Matamoros]

Cayó una carta a Matamoros, Tamaulipas, que les causó admiración:

MATAMOROS, TAMAULIPAS
PARA M'HIJO.

Entonces el del correo se quedó pensando. Dijo: —Bueno, según el papá es el hijo.

Comenzaron a llegar: —¿Hay carta pa Fulano?

—Sí.

—Hay carta pa Zutano?

—No.

Y hay pa allá, cuando entró un cacashtón. [Aquí el informante hace la cara como un "cacashtón," y remeda.]

—¿No ha escrito papá?

—Sí, aquí está la carta.

JOSE R. REYNA

25. San Cristóbal

Allí en Guadalajara hay un templo que está hecho de piedra, estilo barroco, y en la esquina tienen . . . hay un San Cristóbal. Es un santo de los viajeros. Es una estatua muy grande. Según eso pasaba niños en un río de un lado a otro para que no se fueran a mojar.

Pues había una muchacha que ya se estaba quedando de solterona y siempre que pasaba le decía:

San Cristobalazo, manazo, patazo,
¿cuándo me caso?

Pues sucede que la conoce un muchacho y se casa con ella, pero salió reborracho y le pegaba.

Y luego ella iba y le decía:

San Cristobalito, manito, patita,
¿cuándo me lo quita?

NORAH ALEMANY

26. [Tu sabes nadar]

Había un hombre que todo lo que pasaba en el trabajo venía y le contaba a la mujer, y un día llegó muy serio y dijo: —¿Qué te pasa, viejo?, dijo. —¿Por qué no hablas 'ora?

Dijo: —Pos, áhi traiba la polecía una circular, que todo el que fuera cabrón lo iban a echar al agua.

—Y tú, ¿qué apuro tienes, viejo? ¡Tú sabes nadar!

JOSE R. REYNA

27. [El chino]

Era la época, ¿ee?, que andaban varios bandos distintos de caudillos, ¿no? Y entraban a cada rato en los pueblos y ya sabían con la que perdían, ¿verdad? Porque andaban los carrancistas por un lado, por otro lado los zapatistas y por otro lado los villistas. Y entonces . . . habían guardias, o cada quien tenía sus avanzadas.

Y un pobre chinito que andaba allí y iba a entrar al pueblo. Le marcaron el alto los guardias en su avanzada: —¿Quién vive?

Y contestó: —¡Vive calanza!

Y ¡rruuun! Que le descargan unas . . . . Y entonces el chino, pues no le dieron . . . salió a todo escape, como alma que se lleva el diablo.

Más adelante encontró otra avanzada de soldados. Le marcaron el alto también y . . .: —¿Quién vive?

—¡Vive . . . Pancho Vila!

Y ¡rruuun! Que le sueltan otra descarga. Salió el chino ahí, despavorido, ¿verdad?

Y más adelante se encuentra con otra avanzada de soldados. Dicen: —¿Quién vive?

—No, di tú plimelo.

NORAH ALEMANY

28. Un borrachito

Era un borrachito. Se puso tan borracho una vez que se estaba muriendo y entonces su familia llamó al sacerdote, pero como estaba tan borracho, ya no lo pudo confesar. Entonces él agarró el crucifijo y le hizo la señal de la cruz. Entonces cuando llegó a la boca le dijo: —Padrecito, quítele el tapón.

NORAH ALEMANY.

29. El negrito poeta

Las siguientes coplas son del negrito poeta mexicano, José Vasconcelos (muerto alrededor de 1760), del cual nos dice el informante Enemencio Jiménez de Edinburg, Texas.

El negro poeta era un negro, nativo negro, puro negro, no más que era nacido y criado en México, y por eso hablaba el español como el resto de la gente. Era de la capital de México.

Le dijo uno al negrito, al poeta: —Oye, tú eres muy bueno pa la cuestión de la poesía. ¿Cuántos pelos tiene el burro en la panza?

Dijo:

> ¿Qué pregunta me has hecho
> que me dejaste confuso?
> Los pelos que tiene el burro en la panza
> son los que Dios le puso.

Estaban en una tienda, componiéndoles poesía a toda la mercancía y habían quedado unas cucharas, unas antiparras [unos anteojos, aclara el informante] y la Virgen de la Soledad en cuadro, y entró el negrito pueta y le dijeron: —Oye, negrito. Si nos compones esta poesía de estas tres cosas que hay aquí [¡hombre y el cuadro de Dios, también el de Moisés!]

Dijo:

> Moisés para ver a Dios
> Se puso las antiparras.
> ¡Ay, Virgen de la Soledad,
> Que me regalen estas cucharas!

Pasó un obispo por la banqueta. Andaba buscando el negro pueta, en la capital de México, porque sabía que era muy buen poeta y ya le dijeron: —Por áhi búsquelo en las cantinas. ¿No?

Salió de la cantina y estaba uno tirao bocarriba, borracho. Dijo: —Adiós, negrito pueta.

Y levantó la cabeza el negro y se quedó viendo y dijo:

> Aunque sin ningún estudio,
> Que si no fuera por esta jeta
> Fuera otro padre Zamudio.

Iba entrando el negro pueta a un camposanto y estaba la calavera de un muerto tirada bocarriba, llena de tierra y por un ojo salía una mata. Dijo:

> Pobre flor que mal naciste,
> Qué dura fue tu suerte.
> Que al primer paso que diste
> Te encontraste con la muerte.
> El cortarte es cosa triste.
> El dejarte es cosa fuerte
> Pero si infeliz naciste
> Quedaste bien con la muerte.

JOSE R. REYNA

24

30. El mexicano

Cuando Dios formó las naciones del mundo, todos le dijeron que faltaba una nación, que era la mexicana, y Dios dijo que no podía hacer el mexicano porque eran muy bandidos, malos. Dijo: —Sí, pero se necesita aquí en el mundo.

Dijo: —Pos, ora lo verán.

Agarró una bola de zoquete, la hizo bola y la y la aventó a la mar. Saltó un peladito y se pandió el sombrero y dijo: —¡Chingue la madre el que me haya echado al agua!

JOSE R. REYNA

31. [El americano y el burro]

Este era un señor americano que fue a México a pasearse con su chamaco y se encontró a un señor que iba en un burro, y el señor le quería comprar el burro al chamaco. Entonces le pregunta el americano al mexicano que qué tanto quiere por el burro, y dice el señor, el mexicano, dice: —No, éste no. 'He don't look too good.'

Entonces dice [el americano]: —Oh, he look good to me!

Entonces dice: —No, he don't look too good.

—Le doy cincuenta pesos por el burro, dice.

—No, no puedo. No lo vendo.

Bueno, se va el americano detrás de él y le dice: —Le doy cincuenta . . . cien dólares por el burro ese.

Y dice el mexicano: —No, 'tá bueno, pero 'remember, he don't look too good.'

Pos no más se subió el chamaco y se cayó del burro y dijo: —¡Ah, me vendió un burro ciego!

Y dice [el mexicano]: —Pos, sí, dice, —yo le dijo que el burro estaba [risa], que 'he don't look too good!'

JOSE R. REYNA

32. [Las chinches]

Dicen que éste era un señor que iba de aquí de Estados Unidos y iba muncho muy cansado. Y llegó a México y pidió un cuarto. Entonces el señor lo llevó y le dio un cuarto. Y el señor iba tan cansado que no se quitó la ropa, sino que fue y se acostó como iba . . . todo cansado.

Y comenzaron todas las chinches a picarle todo el cuerpo al señor. Entonces se levanta y le dice al hombre, dice: —¡Ay, dice, —me rentó un cuarto con tanta chinche!

Entonces le dice el hombre, dice: —Pues, ¿sabe qué? Le voy a dar un cuarto bueno. Este sí que no tiene chinches.

Dice: —Bueno, está bueno.

Cuando el hombre está firmando el nombre de él, entonces vienen las chinches, todas allí y dice él: —Ve, ya vienen a ver en qué cuarto voy. ¡Mejor me salgo! ¡No quiero saber nada!

JOSE R. REYNA

33. [Un turista]

Este era un señor, un turista, que fue a México y, pues, había mucha gente. Era día de fiesta y no había cuarto para él. Entonces pidió un cuarto en un hotel. Dijo el señor: —Pos, tengo un cuarto allá abajo en el sotano. [sic]

—Tá bueno, dijo, —yo lo agarro . . . allá agarro yo el cuarto.

Bueno, pues, agarró el señor el cuarto. Pues, al ratito se empezaron a peliar unas ratas. ¡Un pleitazo bárbaro! Y se asustó el hombre y fue y le dijo al del hotel, dijo: —Oiga, dijo, pos, dijo: —Bueno, pero ¿qué tanto me va a cobrar por el cuarto?

Dijo: —Pos, dos dólares no más, dijo, —porque, pos, está muy malo el cuarto y es . . . el sotano [sic] . . . allá muy feo.

—Bueno, esta bueno, dijo el señor, pos le gustó el precio, pero el cuarto no. Al rato estaban las ratas peliándose y entonces viene el hombre y dice: —¡Ay! ¡Fíjese que hay un pleito de ratas tan grande, y hay tantas ratas . . . !

Y le dijo: —Bueno, pos ¿qué esperaba usted por dos pesos?, dijo. —¿Una corrida de toros?

JOSE R. REYNA

34. [¡Jaló!]

Era un señor que se le descompuso el carro en el camino. Entonces estuvo trabajando allí hasta que, pues, se enfadó. Y pasa un americano y le dice: —¡Jaló! ¡Jaló! [Hello! Hello!]

Le dice: —¡Qué jaló ni qué una fregada!

JOSE R. REYNA

35. [Dos amigos pescadores]

Eran dos amigos pescadores. Un bolillo [norteamericano] y un mexicano. El bolillo estaba de este lao y el mexicano del otro lao. Entón el mexicano le dice al bolillo: —¿Cómo te ha ido?

—Oh, pos, pasándola.

—Rema p' acá. Ven.

El bolillo pasa pa allá y el mexicano le saluda. Cuando 'taba el mexicano y el bolillo platicando, le dice, el mexicano al bolillo: —Tengo ganas de miar.

Y el bolillo le dice: —Y yo de cagar.

Cuando llegaron, el mexicano se estaba limpiando las uñas con una navaja con las águilas de oro, muy bonitas las cachas. [El bolillo] dice: —¡Qué bonita navaja!

—Aquí tenemos la costumbre que cuando a un amigo le gusta una cosa, se la regalamos. Aquí está la navaja.

Bueno. El bolillo tenía ganas de cagar . . . y . . . dijo: —Yo voy a cagar.

Cuando el bolillo estaba cagando, el mexicano le vido las nalgas, y le dijo: —¡Qué bonitas nalgas tienes!

Dijo: —¡Toma tu navaja, dijo, —no quiero una chingada!

JOSE R. REYNA

36. [Thanksgiving]

Eran tres prisioneros allá cuando la guerra. Y se llegó el día de dar gracias . . . el 'Thanksgiving' . . . y entonces les trajieron un guajolote a cada uno, y les dice el alemán, dijo: —Lo que le corten al guajolote, dijo, —eso les vamos a cortar a ustedes.

Y dijeron: —Bueno, tá bueno.

Y uno le cortó una ala, ¿ves?, y a él le cortaron el brazo. Y entonces el otro le cortó una pierna . . . un 'drumstick' . . . y le cortaron la pierna.

Y estaba un chicano allí y dijo [el alemán]: —¿Qué vas a comer tú?

Y hizo un agujero y se comió el relleno. Le chupó el relleno.

JOSE R. REYNA

37. [Los pescadores]

Había un alemán que hablaba muy buen español y era muy amigo de los mexicanos y una vez jue a pescar y se llevó a un amigo mexicano.

Y llegaron y pusieron los anzuelos y se juntaron de [con] más americanos a platicar allí con él. Y empezaron a echar chistes y un americano echó un chiste. Dice que una vez 'bía ido a pescar y se le olvidó la carnada, pero la señora de él le 'bía puesto un bote de frijoles dulces. Entonces agarró frijoles dulces y le puso el anzuelo y lo aventó. Y luego al ratito empezó a pescar, y dice el americano que estiraba muy pesao y ahí viene y ahí viene. Pos, nada . . . . Era un mexicano que venía pescao del anzuelo. Y soltaron la risa.

Y se quedó el único mexicano allí, pos, muy triste. Y antonces [sic] le dijo el alemán: —¡No te dejes, hombre! ¡Empátasela!

—Bueno, dijo el mexicano. —Pos, entonces, yo una vez me pasó lo que al amigo. Vine a pescar y se me olvidó la carnada, pero mi señora me había guisado blanquillos con jamón, y, pos, le puse un pedazo de jamón al anzuelo y lo aventé. No, dice, —al ratito empezó a chicotear, y ahí viene, y que no podía yo, dice, —este, estirarlo porque [sic] muy pesao. Y, dice, —hasta que al fin salió. Dice: —Venía un gringo pescao del anzuelo y un negro de las patas.

JOSE R. REYNA

38. [Un chivo]

Este era un matancero que trabajaba en una marqueta [market]. Y jue a matar unos chivos allá al degüello. Y cuando agarró un chivo y se encajó en él y le agarró los cuernos pa meter el cuchillo, dijo el chivo: —By God!

JOSE R. REYNA

39. [El guayín]

Una vez los americanos hicieron un guayín [wagon] y le pusieron cuatro lancillas. Dos para acá y dos para allá. Y luego pegaron las mulas y unas estiraban pa allá y otras pa allá. Pos nunca se movía el mueble.

JOSE R. REYNA

40. [La chiche]

Este eran dos hombres que trabajaban en un rancho. Uno era americano y el otro era mexicano. El mexicano era soltero y el americano era casado. Y este gringo iba todas las madrugadas a ordeñar las vacas, y el mexicano iba y se acostaba con la vieja.

Y una vez se mamaron los becerros y no dieron leche las vacas, y venía el gringo muy enojao. Y llegó y estaba prendido el mexicano de la chiche de la americana y le dijo: —¡Ey! ¡No bebas el alimento del niño, porque las vacas no dieron leche!

JOSE R. REYNA

41. [Dos trampas]

Este eran dos trampas [tramps] que venían en el tren de cargas . . . de trampas. Y llegaron a Robestán [Robstown] y el mexicano dijo . . . traiba no más cincuenta centavos . . . le dijo al americano . . . sabía inglés. Dijo: —Aquí hay un restaurantito, allá pa la orilla, dijo. —Esa mujer da comida poco barata.

—Bueno, le dijo el gringo. —Vamos.

Ya llegaron y, pos, el americano no sabía español. Le dijo la señora [al mexicano]: —¿Quieres un par de blanquillos con chipín?

Dijo: —Sí, señor. [sic]

Y el gringo no más viendo. Cuando ya le guisó, dijo: —Y tú, ¿qué quieres?

—Lo mismo. Eso.

Entonces le echó bastante chile. Y puso el plato al americano. [Remeda el informante los sonidos de alguien que come como puerco.] Se estaba quemando el americano y lo vio y dijo: —¿No quieres un ayscrín [ice cream]?

Dijo: —Sí, señor.

Y le puso el ayscrín, y daba una sopada y una mordida de ayscrín. Otro día siguieron a caminar y le dieron ganas de hacer el excusao al americano. Y que empieza a venir chile quemando. Decía: —Come on, ice cream!

JOSE R. REYNA

42. Santa Teresita

Santa Teresita tenía muchas ganas de dar misa y siempre andaba importunando a Dios, nuestro Señor, que quería dar misa, y Dios le decía que no podía dar misa porque las mujeres no servían para dar misa. No sabían contener la curiosidad, y como en el altar habían los Tres Misterios, con una mujer dando misa no iban a ser muy misteriosos los misterios.

Entonces tanto molestó, tanto fastidió, que al fin le agotó la paciencia a Dios que le dijo, pues que, le iban a dar unos meses de plazo, que si en ese tiempo dejaba de ser curiosa, que entonces daría misa.

Pero el diablo, que siempre andaba tras Santa Teresita, dándole tentaciones, le tenía ganas el diablo catrín—ha de haber sido muy guapa, ¿verdad? —entonces el diablo le empezó a tentar y que . . . ¡ah! . . .

Entonces Dios nuestro Señor le dio un cofrecito a Santa Teresita, que si no lo abría por el espacio de los meses de prueba, entonces sí podría dar misa.

Entonces el diablo que oyendo la condición, se rió y dijo: —¡Ja! ¡Esta no da misa ni aunque se acabe el mundo!

Entonces, ¿ah?, todos los días iba Santa Teresita donde estaba el cofrecito y el diablo se le ponía detrás de ella, ¿no?, al lado izquierdo, porque allí se pone el diablo, ¿no? Porque al derecho está siempre el Angel de la Guarda.

—¡Ay, Teresita! ¡Pero cómo eres burra! ¿Quién va a saber que abriste el cofrecito? ¡Abrelo! No hay ni quien te vigile, ni quien te vea. Dios está ocupado en otros asuntos.

Decía Santa Teresita: —No, yo di mi palabra.

Le decía el diablo: —No seas zonza. Abrelo. ¿Quién sabe qué tendrá? Si a lo mejor es algo que se descompo. . . .

¡Ah, ella era muy golosa! Dicen que el diablo es diablo no porque es diablo, sino porque es viejo.

— . . . y a la mejor es alguna golosina que se va a descomponer. Es un . . . a lo mejor es un turrón.

Y a veces Santa Teresita se rehusa y a veces el diablo usa palabras bonitas. La adulaba, que era muchacha muy inteligente, que podría abrir la cajita sin que Dios se diera cuenta. A veces le decía que era un cobarde. Tanto, tanto la . . . la . . . por fin venció su resistencia. Por fin logró que un día estando en la capillita Santa Teresita abrió y salió volando un gorrioncito que le fue a decir a Dios.

Y desde entonces las mujeres no damos misa.

NORAH ALEMANY

43. El pacto con el diablo

Este era un hombre, ps, pobre, desesperado y de . . . . Le habla al diablo: —Diablo, le dice, —quiero que me des dinero.

Pues hizo un compromiso de que en veinte años, le iba a dar dinero para veinte años. Le dio tanto que no se acaba. El estaba joven y bien parecido, pero desesperado de la pobreza y tuvo que hacer ese . . . ese pacto con el diablo y el diablo ya, pues, le dijo que le daba su alma, y . . . pero el plazo era de veinte años. A los veinte años ya tenía que llevárselo y ya quedaba . . . era el compromiso para veinte años.

Y hartó de gastar el dinero. Entonces este . . . con ese dinero anduvo repartiéndole a los pobres, haciendo caridad. Pues él tan feo, pues muchas gentes lo veían con horror, pues era un hombre . . . el hombre-oso. Juan Oso se llamaba, le decían Juan Oso. Eh, bueno . . . después de tanto andar por áhi y . . . y llegó a la casa de unos familiares, un señor y una señora que tenían tres hijas, de mayor a menor. Y pues, las otras se horrorizaban que no lo querían, pues. ¡Uuuh! Estaba muy feo, y la más chica, pues era de muy buen corazón y ella no se fijaba si era feo.

Pues era de buen corazón y le daba lástima como estaba, y él se fijó en la más chica . . . y tenía un anillo de oro . . . y, y le dio la mitad a . . . ya que vio que esa niña se preocupaba por él. Ella la guarda por allí, en un lugar donde sabía que nadien se iba a meter, donde no la vía nadien.

Esta señorita . . . era una señorita, ps, estaba . . . era la más chica, ¿verdad? Pero, bueno. Pues éste anduvo con su vida y así, en esas condiciones . . . pero el dinero no lo usa a mal. Es decir, lo gastaba, pero más bien hacía caridad a todos con él. Pues trascurren los veinte años y se cumplió el plazo y ya le devolvió su estado humano. Le quitó la piel de oso, pero el . . . el muchacho, ¿eh?, siguió con el dinero. Siguió rico, y se hizo joven. Terminó él su compromiso y se salvó por las caridades que hacía. No se lo llevó el diablo.

Entonces, después éste se acordó de aquella . . . familia y volvió. El le dejó la mitad del anillo con cierto pensamiento de volver, y volvió a la casa y cuando volvió allí, pues, joven, bien parecido y con mucho dinero, pues no lo conoció nadien. Y allí lo recibieron muy bien y él, ¿eh?, pues, las muchachas . . . las otras dos, más grandes . . . pues a cuál

más quería . . . ¿eh?, tener atracción para él. Y, pues no. El, luego a la
más chica le dijo que si se acordaba de aquel pedazo que le había dado.
Pues ya le recordó de aquél, quién era él, el hombre-oso, y ya fue y
lo sacó de así por ahí, donde lo tenía escondido y se lo entregó.
Entonces, ya él . . . le pide la mano al papá . . . de . . . de la muchacha, para casarse. Y pues, no, las otras pensaron que ellas eran las que
debían, pero no. El se casó con la más chiquita, la de buen corazón.

NORAH ALEMANY

44. San Martín Caballero

Dicen que San Martín Caballero . . . que . . . él no era católico. Era
de otra religión. Lo he oído no más así . . . y que su papá cuando tuvo
quince años, que se quería hacer católico, pero su papá no lo dejaba.
El papá era el que era de, de que no era católico y él no quería. El
andaba siempre buscando que deje su doctrina y lo que hizo que cuando
la Revolución lo mandó . . . en la de losfranceses, yo creo . . . lo mandó
en la caballería. Tenía quince años y lo mandó a que se fuera a la . . . .

Y ya siempre no perdió su devoción. Cuando regresó a su tierra,
entonces ya, ya era católico. Por áhi se hizo católico y dicen que con-
virtió a muchos, a muchos que creiban, que creiban en otra creencia.

A su mamá la hizo que creyera en eso y, y se hizo católico y luego
siguió dando sus doctrinas por allí. Y, y ¿cómo es esto que dicen los . . .
bueno, pues el caso es que los de la otra religión se . . . un día lo agarraron a él y a San Simón, estaban dando una doctrina y, y este . . . ¡a
San Martín, no! Que San Martín después de que vino allá de, de la
guerra, pues su papá le puso una tienda, y acabó todo en dar a los
pobres.

Todo regaló, todo de la tienda y luego le puso, le surtió tres veces su
tienda y todo regalaba. Y él la última vez le dijo: —No esta vez. Ora
sí no. Véte ya.

Entonces él se fue en su caballo, con su buen traje porque su papá
ya lo había portado muy bien, ya con su buen traje y una capa, que
antes usaban unas capas así, así encima. Y encontró por allá un pobre-
cito desnudo y le pidió limosna y como iba sin dinero, no traiba dinero
que darle, entonces sacó de su espada y partió la mitad de la capa y se
la dio. Se la dio a él. Y dice: —Así esta otra parte me encuentro otro
mendigo para darle, dice, —para darle otro pedazo de capa.

Y dicen que siguió socorriendo a todos los pobres hasta quedarse
desnudo, nada de ropa porque todo repartía. Muy bondadoso ese San
Martín Caballero.

NORAH ALEMANY

45. San Antonio

Me acuerdo que platicaban de San Antonio . . . que una . . . que nació ese tiempo, pues. Usted sabe que se usaban . . . que en aquel tiempo los hacendados tenían sus haciendas, y tenían una . . . que este hacendado era muy devoto de San Antonio, que tenía dos hijos y su esposa, y que cada día trece le mandaba a . . . decir su misa a San Antonio. Y todo lo que se . . . algún milagro, algún peligro que tropezaba, luego luego invocaba a San Antonio y que conseguía todo lo que quería. Y una vez se enfermó un hijo, . . . se enfermó su esposa y, ahí está él pidiéndole a San Antonio que no se muriera su esposa y que se aliviara.

Pos nada. Pídile y pídile y se murió. Y después se enfermó el hijo . . . uno de los hijos, y otra vez haciéndole sus promesas a San Antonio. Y no le hizo nada. Siempre se murió.

Y luego al poquito tiempo se le enfermó el otro. Dice . . . ahí está él con las promesas a San Antonio. Dice: —Ya no me quieres, dice, — pues tú siempre me concedes todo lo que pido. Dice: —Pos ora, ¿qué pasó?

Nada. Siempre se le murió.

Dice, pues que ahí anda enfurecido con San Antonio. Todos los dias: —Voy a quemar ese santo, ese santo pelón. Ya no lo quiero, dice, — porque antes todo lo que yo le pedía lo conseguía. Ahora no, dice — Santo pelón, ya no lo quiero. Yo lo voy a quemar.

Pues áhi anda como loco. Fue a la capilla, que mandó quemar a la capilla y que ya iba a quemar a San Antonio y que en el camino se encontró un . . . un señor . . . muy, muy arreglado y en su caballo . . . y que le dijo, que habló: —¿Qué traes, le dice. —¿Qué pasa?

—No, dice, fíjese, amigo, lo que me pasa, dice, —que yo tenía un santo que era mi abogado, que era San Antonio. Dice: —Todo lo que yo me pediá, dice, —todo lo que yo le pedía, todo me lo conseguía, dice. —Y ahora se me enfermó un hijo y ahi estoy yo igual pidiéndole la merced que me concediera que se aliviara, que no se muera mi hijo, dice. —Pos, se me murió y al poquito el otro. Pidiéndole yo, "Ah, ya no me oyes, San Antonio," dice. Entonces, —Ora lo que voy a hacer, dice, —es quemarlo, dice, —porque ya, ya no lo quiero.

Y dice, y entonces le dijo el señor ese: —Bueno. Y ¿tú quieres, quieres saber . . . tu esposa, por qué se murió?

Y dijo: —Sí.

—Bueno, No vas a hablar, dice, —y vas a ver, dice. Y alzó el brazo. —Mira. Asómate por aquí y verás.

Y no más alza el brazo y vio él, y que vio a su esposa acostada en la cama, y un señor sentado a la orilla de la cama.

Dijo: —Mira, ¿ese santo pelón que tú dices que ya no lo quieres?

34

Ese intercedió porque tu esposa iba a hacer un mal con ese individuo que está ahí sentado en . . . en la cama. Y yo, porque no muriera en pecados mortales, entonces, la recogí. Mejor para eso se la llevó ese santo pelón que tú dices. Y ahora asómate aquí y ves a tu hijo.

Y ahí se asomó, así no más debajo del brazo. Y que se asomó y que vio a su hijo, que allí . . . que . . . en medio de dos, que andaba robando . . . y ya que a los otros los fusilaron. Dijo: —Mira, tu hijo así iba a ser fusilado porque iba a ser un ratero, un ladrón, dice, —y ese santo pelado, por lo mucho que te estima a ti, por eso intercedió con nuestro Señor, que mejor se lo recogiera.

El otro, el otro muchacho, ya también llevaba una yunta de bueyes que se había robado. Dice . . y iba con los otros, con otros dos, y dice: —Mira, los dos individuos ahí colgados, ya que los tenían fusilados, y así que lo mismo le iba a pasar. Y dice: —Por eso ese santo pelón intercedió por ti, que no.

Y ya le dijo: —¡Ay, señor, muchas gracias! Dispénseme. ¿Quién es usted, señor?

Le dice: —Yo soy el santo pelón que tú dices.

Y dice que se le desapareció ahi luego lueguitito. Y luego se le hincó él a pedirle perdón, pues ya cuando se levantó ya se había ido.

NORAH ALEMANY

46. El ojo

Cuando uno mira a un niño y queriéndole hacer un cariño no lo hace, el niño se enferma y se dice que le hicieron ojo. Para curar el mal de ojo, cuando el niño está dormido se parte un huevo en un plato, y se reza un credo . Se pone el plato a la cabecera de la cama donde está el niño. Al día siguiente si el huevo está blanco como cocido, el niño se alivió.

Cualquier enfermedad que no se puede curar se dice que le hicieron ojo.

MANUEL H. RODRIGUEZ

Numbers 47a through 54 were collected and transcribed by Susanna Robertson. They are presented in the form of interviews in which Miss Robertson asks questions of four residents of Los Angeles who then explain various aspects of belief with which they are familiar. In order to simplify the references and identify the speakers, they are referred to by their initials, as follows:

| SR: | Susanna Robertson |
| AMG: | Aurora Montoya Guerrero |

MM: Mariá del Refugio Márquez
JSG: Juana Sánchez Guerrero
GV: Glafira Valenzuela

47a. Los chanes

AMG: . . . creen que cuando un niño está chiquito pasando donde
está un río o arroyo crecido de agua que se enferma el niño, que los
chanes, sigún ellas creen que es un animal que está en el agua que se
apodera del niño cuando va cruzando el arroyo y que gritándole dicién-
dole "Julanito," mentando el baby, el nombre, "no te quedes, vente, no
te quedes." Porque si no, dicen ellas, creen que cogen los chanes y que
se enferma el niño que se muere, que es la creencia que ellas tienen pero
nosotros allá no . . . .

SR: Entonces los chanes son animales, ¿verdad?

AMG: Sigún ellas creen es animal. Hasta lo figuraban que era
animal patudo, así, grande como forma de tortuga pero peludo, dicen.
Eso lo creen . . . o no sé si diferente gente cree una cosa, otra otra.
Eso es lo que yo he oído.

47b. Los chanes

MM: ¡Oh! Pues de los chanes sé que . . . entonces dicen que los
chanes cuando, ¡bueno!, cuando una mujer pasa con un niño por un
arroyo, por un río ella tiene que hablarle a su hijo por tres veces como
se llame.

SR: Ponemos Fulanito.

MM: Ponemos Eduardo. [Se ríe].

SR: Eduardo, bueno.

MM: "Vente, Eduardo. No te quedes. Vente, Eduardo. No te
quedes." Allí por tres veces les dicen a eso y si no les dicen, que se
empiezan a enfermar los niños como de soltura así. Tú ya sabes lo que
es.

SR: ¿Soltura? Sí.

MM: Sí. Luego se ponen, creo, muy delgaditos de a tiro, no más
con el puro estómago y su cabeza. No más eso es lo que les crece, puro
estómago y la cabecita, pues están como . . . . No sé cómo será y entonces cuando les hablan no les pasa nada. Pero si no, entonces de esa
noche empiezan como ellos como airados así, una cosa que no pueden
dormir y muy llorones, todo muy diferente, y ellas creen que con eso. Y

si no, les hacen el remedio de cortar muchas yerbas así y luego los limpian.

SR: ¿Con yerbas?

MM: Con yerbas. Jarales y de esa otra yerba del aire. También les dan, creo, a tomar de esta canela con orégano calentito para que [se ríe], les quite eso así, algo del aire del agua porque dicen que sacan, que agarran aire del agua, porque dicen que si los sacan que agarran aire del agua.

SR: Sí. Y ¿qué son los chanes?

MM: Bueno. Eso son los chanes pero yo no sé qué serán los chanes.

47c. Los chanes

SR: This is about the chanes. Right?

JSG: Oh well, she her mother told me that . . . well, my mother was very young naturally, since her mother was one of the younger ones, about five or six. My grandmother had like every woman eight kids or something like that. She remembers that this lady an Indian servant woman would come and help and she would make las gorditas, you know, de maíz con la panocha and queso y las ponía and then she'd fix the little basket . . . . Oh, va a salir allí con dos languages!

SR: That's all right.

JSG: Pues, se iban y se los comían, you know, cuando veían que la señor [The informant has already stated that the Indian woman made these *gorditas* and placed them by the river bridge], ellas sabían [her mother and a friend] que había algo sabroso, ¿no?, sí. Pues era como un pancito dulce or whatever.

SR: Why did she feed the *chanes?*

JSG: Porque tenía miedo que se las robaran cuando they would pass by there so she had to bribe them not to come out and take them.

48. La llorona

GV: Dicen que anda . . . que ella tenía tres hijos y los echó al río al agua porque no los quería y luego cuando ella se murió entonces que fue con el Padre Dios y le dijo: —¿Onde están tus hijos." Pues ella le dijo que los había echado el agua. Luego dice: —Pos ora no puedes tú estar en paz hasta que no recojas tus hijos. Entonces te voy a dejar en paz. Tienes que andar penando por todos los arroyos. Por eso dicen que pasa por los arroyos llorando.

SR: Y ¿cómo se oye?

GV: ¡Aaaaaaaa! ¡Aaaaaaaaaaah! [fúnebre exclamación]

SR: ¿Todas las noches?

GV: Sí, por donde pasa. Y luego dicen que por donde pasa, la llorona pasa, hay una desgracia o algo.

SR: ¿Si pasa y llora?

GV: Si pasa, por donde pasa y llora allí en ese pueblo o lo que sea algo grande pasa.

MM: Yo me acuerdo que cuando mataron a mi padre si . . . . No me acuerdo qué día la oímos y todos allí en la casa y fue en el día que pasó por el arroyo.

49. La llorona

AMG: Pos, la llorona en la noche a veces creen, yo no sé si es verdad, pero se oye que llora en el viento, que anda llorando.

SR: ¿qué es lo que cuentan de ella?

AMG: Pos dicen que hay dos o tres razones. Yo no sé. Unos creen que cuando se muere una persona que si se salvó que llora porque no cogió la alma.

SR: ¿sí?

AMG: Si se salvó esa persona creen, sigún eso creen que es el espíritu malo el que llora porque no pudo coger el alma.

SR: ¡Oh, de la persona . . . ! ¿Y muerta?

AMG: De la persona que está muerta o tendida. A veces así se han oído como comentarios, que han oído que llora.

SR: ¿Y la otra versión?

AMG: Es de que, que no más la oyen así cuando es medianoche o algo así, que van caminando a caballo o así por los caminos por acá en una montaña, alto. Asi que se oye un llanto, pues.

SR: Y ¿qué debe ser ese llanto?

AMG: Pues, ese llanto creen muchos que, pues casi regularmente creen muchos que es el espíritu malo. Es lo que creen.

50. Conjuros

SR: Conjuros, ¿verdad?

MM: Sí. Cuando ven una cosa como creen que es el diablo o es como cosa mala que está allí apoderada de una persona, como si fuera que en la casa que oyéramos muchas cosas, entonces si uno creía que era el diablo, tenía que llamar uno a un padre, ¿verdad? Y que así como los que creen todo en eso. Ahora el padre tiene que traer agua bendita y entonces ya cuando viene el padre, él conjura, yo creo, ¿verdad?, rocea toda la casa con la agua bendita y reza mucho y reza no sé qué cosa para la letanía o algo de eso, ¿verdad?, para que se vaya la cosa mala que está allí. En eso lo mismo dicen cuando una persona es muy corajuda o muy mala con otra persona entonces la víctima tiene fe en el padre y va y le dice todo y cómo la tratan en su casa. Si es su papá, no le hace. Va y le dice al padre de la iglesia que su papá le dice, pues tú eres muy malo con ella. Entonces el padre va y sin que el señor sepa, ahora el papá de la muchacha, sin que él sepa va, dicen. Lo conjuran. Va y le reza mucho así como que está platicando con él, pero cuando no platica que le rezan y le rocean con agua bendita a toda su casa y ellos, y ellos no saben.

51. Mal de ojo *Cura by Curandero*

MM: ¿Cuando curan del ojo . . . ? Entonces cuando si a ti te gusta un niño y ese niño empieza a estar muy necio, llorón, y así ya como dicen que atorsonado con dolor de estómago así y todo, entonces dicen "Julana creo dijo que le gustó. Vayan a traer a Julana." O cómo se llama, "Vayan a traerla pa que lo cure." Entonces van a, y las llevan y luego tienen que pagarle aquella señora pa que vaya.

SR: ¿Pagarle?

MM: Tienen que pagarle pa que vaya porque dicen que ellas se disgustan mucho cuando van cor aquélla, que dicen, Tú diste ojo al niño. Vamos pa que lo cures." Y allá se la llevan y la pagan. Va la señora. Luego se lleva con ella la ropa que ella traiga, ¿verdad? Sea su gabardina, su rebozo o lo que quieran. Lo pueden limpiar y luego cuando les empiezan a limpiar se quitan su rebozo y lo limpian todo al niño y rezan mucho y luego llevan todas esas yerbas. Llevan jaral, llevan laurel, y luego creo con un huevo, y entonces con el huevo lo limpian todo bien limpio y se lo quiebran así, no más que no se revienta la yema y lo ponen debajo de su camita, su cuna donde está el niño. Y que ese niño se duerme ya tranquilo y cuando recuerda el niño y para que lo puedan bañar que van y ven debajo de la cuna y que está el ojo de la que lo hizo, de la persona que hizo el ojo.

SR: ¿Está en la yema?

MM: En la yema del huevo . . . . Ya el niño se alivia y se le quita y entonces si vuelven otra vez con otro niño, si porque muchas, creo, se disgustan y no van y esos niños que empiezan con su ojo hondo, le hacen el ojo ojito hondo, hondo y más chiquito, y ese niño diariamente tiene como soltura y basca y están delgaditos. Los niños se ven de a tiro como puros tamalitos y no tienen ni cabeza, y empiezan a hacerse muy flaquitos y dizque si no los curan, no se alivian y así se mueren. Porque eso creen que esto es . . . y no más le curan del ojo y luego se alivia el niño. Dicen si le haces ojo a mi niño, dale una cachetada como de cariño o ponle algo de . . . , creo les ponen la cruz de saliva en su frente y algo le rezan así y se van tranquilos y no les pasa nada al niño. [Se ríe.]

SUSANNA ROBERTSON

52. Las brujas

GV: Las brujas las puedes ver tú en forma de un tecolote o de cócono, guajolote de muchos modos, ¿ummm? En un ratito se puede volver de muchos modos y dicen que si vuela se oye mucho porque lleva alas de petate.

SR: ¿Alas de petate?

GV: ¡U hum! Entonces tú la matas entonces, y cuando cae si tu le tiras y es un cócono o algo, ya se volvió la persona que es.

SR: Eso es para ver quién es la bruja, ¿verdad?

GV: También dicen que si quiere que no puedas caminar te lo clava en una pierna [espinas]. Entonces los va echando a un cántaro que está arriba donde los tiene [los monos] todas claveteadas.

SR: ¿Con el nombre de cada persona?

GV: ¡U hum! Con el nombre de cada quien para saber cómo está cada quien y luego van para ver. Está ella viendo a ver cómo está cada quien. Están todas malas y ella está cuidándolas pero ella sabe que mientras que no les quita las espinas [a los monos] no se alivian y ellas van y se las y así ya se sienten muy bien y ellas [las brujas] están ganando dinero porque ellas mismas las están cuidando [y enfermando]. Si te quieren enhechizar a ti te llevan una cosa o algo, ¿verdad?, para que te lo comas tú. Tú te lo comes y a poco tiempo estás mala y estás sintiendo cosas y todo y no te puedes aliviar hasta que ella no te cuide . . . alivia. Ella misma te alivia.

SR: Y ¿cómo curan ellas?

GV: ¿Tú conoces el romero? Pues, ése lo muelen con alcohol y entonces soban el cuerpo, todo el cuerpo con eso.

SR: ¿La bruja hace esto?

GV: Sí, la bruja. Y luego quema astillas de petate y te hacen sahumerio y te soban.

SR: ¿Qué es sahumerio?

GV: Mucho humo o pon así como astillas y lo queman. Es un sahu-

merio que te cubre de humo y así se te va el hechizo. Las brujas se
. . . . Los perros ven el diablo y ellas le quitan las lagañas y a los perros
y se los untan ellas porque ellas ven el diablo también y aullan como
perros. Dicen que cuando están aullando los perros es que ven el
diablo. Yo creo también que cuando ellas aullan también ven el diablo.

MM: Dicen que cuando tienes moretes y no sabes dónde ni cómo
pasó dicen te chuparon las brujas.

GV: ¡Chiii! ¡Pareces bruja! Todo el tiempo andas con la escoba en
la mano. [Se ríen las muchachas porque María trae una escoba en la
mano.]

MM: Si tú tuvieras un baby y te quieren seguir un mal pagan a una
bruja. Le dicen: —Ve con Fulana que tiene un baby. Hazle algo pa
que le chupen el ombligo. Y entonces se mueren. O el baby se enferma
y se muere y después muchas veces los esposos tienen otros babies y
empiezan todos a morir y así entonces ellos dicen que no quieren estar
con ellas [las esposas] porque no tienen familia y las dejan.

[Una conversación pasó aquí pero no fue grabada.]

GV: Ella quería andar libre pero su esposo no la dejaba. El no sabía
que era bruja. Entonces hizo un mono que era su esposo y él no sabía
y lo clavetió bien de espinas por las piernas para que no pudiera caminar él. Lo metió al cántaro y el pobre señor fue el tiempo que estaba
allí tirado sin leventar siquiera. Estaba acostado allí porque no podía
caminar y dijo! —¿Qué tendrá aquel cántaro. No podía andar porque
estaba todo . . . [hace muecas]. Entonces agarró un palo y empezó
a picarle y a picarle y empezó a caer monos y monos y todos llenos de
espinas. Entonces él se los empezó a quitar y empezó a poder mover
los pies y todo. Y empezó a quitar espinas a todos. Entonces él se pudo
levantar él y caminar [se ríe]. Y eso es que le estaba quitando las
espinas al mono que era él y estaba sintiendo mejor porque estaba ya.
Ya cuando, cuando llegó él estaba esperándola. Ya había sacado las
espinas a todos los monos, toda la gente que tenía allí embrujada.

SR: ¿Qué le hizo a la mujer el esposo?

GV: Le puso una buena.

53. Las brujas (*Fontanillas*)

MM: Cuando que aquella persona es bruja entonces creen que
quiere seguir el mal en esa casa y la bruja se rodea en la casa, ¿verdad?,
y dicen que se presenta en forma de un tecolote y que ese tecolote
todas las noches se aparece enfrentito de la casa y dice! —Te curo, te
curo, te curo.

SR: ¿Siempre es en forma de tecolote?

MM: Sí. Bueno. Dicen que eso se presenta en forma de tecolote o de esta lechuza o así, como en cualquiera cosa. Como una bola de lumbre. Se aparecen las brujas como una bola de lumbre que va brinque brinque. Cuando son brujas y ellas quieren volar a irse a otra parte no más dicen, se ponen como te dije lagañas de perro, ¿verdad?, luego creo se suben en una escoba y no más dicen "Sin Dios y sin Santa María." Entonces sí con eso pueden volar. Se ponen como si ahora en un altito, ¿verdad?, una cosa que esté alta y para abajo, este modo de agarrar más vuelo y que se ponen y que dicen "Sin Dios y sin Santa María," y se ponen a volar. Y no sé qué se ponen, algo en figura de alas, de que son de animales para tener alas. Y una persona quiso hacer eso y no pudo y armó el volido y cayó así. O era bruja y algo le faltó y cuando ella le dio miedo muy alto, ¿verdad?, aclamaría algo o se le olvidó que era bruja y aclamó a Dios, entonces es cuando cayó al piso. [Se ríe mucho.]

54. Las brujas

MM: . . . como cuando creen, piensan que una bruja . . . . Oyen ruidos afuera, ¿verdad?, y luego a veces dicen que son las brujas, que son las brujas que quieren hacerle mal a una persona, cualquiera que está adentro de la casa. Y entonces en eso los que están en la casa dicen que junten mucha mostaza que son como unas bolitas muy chiquitas, muchas, ¿verdad? Y luego a veces les quiten las politas y quedan muchas que juntan [habla del proceso de juntar la mostaza] cantidades. Entonces los tiran en la puerta de la casa y dicen que pa que una bruja entre a hacer mal que tiene primero que juntar toda esa mostaza, todas esas bolitas. Así es que tiran mucho y luego son muy chiquititas, muy trabajosas, pequeñitas de a tiro y las brujas parece que no pueden juntar todo eso porque es mucho y no pueden entrar. Lo mismo si tú crees que una persona es bruja y pa que no haga daño, como ahora tú, si tú fueras la bruja, ¿verdad?, yo creyera que tú eras la bruja. Yo me ponía un costal de romero, un costalito bien chiquitito cosido a los cuatro lados.

SR: ¿El romero es una yerba?

MM: Sí es una yerba pero hacen un costalito y ponen uno adentro. El romero, también altamira, las dos cosas, y lo ponen adentro y entonces con un seguro se prende uno el costalito pa traerlo diario. Lo trae uno puesto diario en su ropa y dice que con eso no hacen daño las brujas. Dicen también que cuando alguien quiere hacer daño en alguna parte o no sé cómo se dice, pero que ponen ellos un vaso de agua o un jarro, como allá son jarros [se ríe], lo ponen adentro de su cuarto y que allí cae todo lo que ellas, las brujas . . . hechas de mal y que echan por la puerta de las casas, ¿verdad?

SR: ¿Dónde deben poner el jarro de agua?

MM: En mi cuarto, en, en la que sea, su cabecera de su cama o en la mesa, y que allí cae toda en el agua. Pero esa agua no se ha de tomar al otro día. Han de tirarlo. Levántandose lo primero que hacen es tirar esa agua.

BELIEFS AND POPULAR MEDICINE

Beliefs

55. Malos agüeros

Que pase una serpiente por el camino del caballo.
Que pase un buho por el camino de uno y que grite el buho.

56. Mala suerte

Poner un sombrero en la cama trae mala suerte al que duerme en
ella.

Si traen una flor morada adentro de la casa, alguno de la familia se
va a morir.

Nunca regales un pañuelo a persona amiga, porque así romperán
la amistad. Si se lo darás tendrás que pagarle un centavo. Así se cuidan.
Se protegen para no enojarse.

57. Cómo encontrar dinero

Se usan varitas para encontrar dinero. Las varas marciales pueden
ser de tres cosas: de acero puro, de oro, y de romero. Se ponen juntitas
las varitas y se ponen a rezar. ¿Quién sabe qué palabras dicen? Y las
varas esas dicen que se van inclinanco forjándose hasta apuntar hasta
donde está el dinero.

58. Los malcriados

A los malcriados o igualados se les seca la mano si se la levantan a
sus padres.

59. El arcoiris

Le sale un grano en la lengua al que apunta hacia el arcoiris.

60. Contra el mal de ojo

Se les pone parches de cebo en las sienes.

Que se froten tierra que se junta detrás de las puertas, o si no, lodo de barro.

Pasan el huevo por todo el enfermo, rezando, y luego se parte y se pone en un plato y se ponen popotitos en cruz y se deja afuera en un techo, así, arriba. Y luego se entierra así, en la tierra.

61. Cura de brujería contra niños

Acostar al niño en sahumerio. Poner braceros debajo de la cama para que se bañe de humo de incienso. Se le hace masaje y se deja sudar.

62. Curas

Para la epilepsia: A los epilépticos se les pega de palos para sacarles el demonio del cuerpo.

Contra el paño en la cara: Se moja la cara con orines de bebé.

Contra la tifoidea: Se baña a la persona en lodo.

Para causar un malparto! Se toman asientos de agua caliente.

Contra los dolores de la "visita:" Hierven hojas de aguacate. Se pone a cocer como un té, con las hojas de aguacate y luego . . . se cuela la agüita en un colador y luego se pone chocolate y poquito alcohol.

Contra la tos: Se toma unos cuadritos de azúcar con una gota de petróleo.

Contra la tos: Y para cuando hay tos, le ponen mentolato aquí [sobre la espalda] calientito. Y se ponen a tostar una cebollita, en un brace . . . así en carbón, y luego le ponen mentolato y les untan, así en la espalda. La cebollita está untada con el mentolato, calientita así, y es muy bueno. Y eso es lo que curamos allí para la tos.

Contra los resfriados: A los niños que están resfriados y calenturientos, mézclase manteca con carbonato y frótesele todo el cuerpo con la pasta. Que no se levante el niño el siguiente día.

Para el catarro: Se embarra la nariz y el pecho con el cebito ya derritido de velas de cebo.

Para dolores de oído! Ponga aceite de olivo en una cucharita. Machaque un dientito de ajo y póngalo en la cuchara de aceite. Ahora ponga la cuchara en la lumbre que hierva. Cuando está seguro que está tibia, coja un algodoncito y envuelva el diente de ajo ya frito y póngalo en el oído pero no muy adentro.

Para dolor de cabeza: Se parte un frijol, se mojan las dos mitades y se pone una en cada sien.

Para las jaquecas: Se corta un pedazo de papel (redondito). Se remoja en jabón y leche de pecho y se pone un papelito en cada sien.

Para el latido: Empápese un pedazo de pan en alcohol. Envuélvaselo en un lienzo y póngalo en la boca del estómago.

Para el empeine: Mate una cochinilla tallándola en el empeine.

Para el sarampión: Si un niño se enferma y usted cree que es sarampión que no le ha brotado todavía (lo cual es muy peligroso), frótesela con aceite castor todo el cuerpo, y luego brotará.

Para diarrea: Se toman agüitas de arroz cocida o atolitos de maicena.

Para el empache: Se soban las corvas de arriba a abajo para bajar el empache y luego se toma un vaso de agua con una cucharadita de agua de cal.

Para la vejiga: Se toma té de barbas de elote.

Para las bilis: Se remoja cuasia y se toma todas las mañanas.

Para quemadas de tercer grado: Se pone en la quemada cagarrutas de liebre molidas, ya polvorizadas.

Para una cortada: Se pone polvito que se junta en el guardapolvo de la puerta.

Para curar la ventosa (aire en la espalda o sea una espalda relajada): Se moja el interior de un vaso con alcohol y se le prende una mecha, un fósforo. Así ardiendo se voltea bocabajo sobre la parte afectada que el enfermo se ha descubierto.

Para la tosferina: Se usa una medicina que se compone con flor de sauco, azahares de naranjo y hojas de alcanfor.

Para la calentura: A los niños se les da un té hecho de la flor Rosa de Castilla.

Para apresurar el parto: Se bebe un vaso de manzanilla hervida.

Para curar un oído con aire: Se usa una poquita de ruda. Metida ésta en el oído, sale el aire.

Para parar la basca: Se pesca una mosca viva y se echa en una olla con agua hirviendo. Se enfría el agua y se bebe un vaso lleno.

Para parar la basca: Se busca una casita de avispa y se le corta un pedazo. Luego se disuelve éste en un vaso de agua y se bebe.

Para parar el hipo: Cuando un bebe tiene hipo se le da azúcar.

Para un dolor de muelas: Se pica la muela con una espina de

puercoespín.

Contra la fiebre: Los que tienen fiebre . . . pues, les bañan con fresno cocido. Es un árbol grandote y de esas hojitas enton . . ., y las cocen, y los bañan y luego les dan un poquito a tomar con limón.

62a. Polvos para hacer que alguien se enamore de uno

La chuparrosa disecada, la molían pa hacer polvito, y eso lo usaban para . . . para enamorar. Se la echaban a la persona en el pelo, o donde sea.

PRAYERS

63.
Santa Bárbara doncella,
Líbranos de un rayo
Y de una centella.

64a.
Jesús, María y José,
Os doy el corazón
Y el alma mía.

64b.
Jesús, José y Mária,
Asístanme en mi última agonía.
En caso de desastre. Se reza la primera oración [64a] tres veces y
luego la segunda [64b] tres veces.

65.
Jesucristo, aplaca tu ira,
Tu justicia y tu rigor.
Dulce Jesús de mi vida,
Misericordia, Señor.
Para temblores, tempestades, truenos y catástrofes.

66.
Santa Mónica bendita,
Madre de San Agustín,
Echame tu bendición
Para acostarme a dormir.

VERSES

67.

La que se casa con un calvo
pasa su pasión entera.
De día tiene su calvario,
de noche su calavera.

68.

No te vayas al color
que también la vista engaña
y te vayas a quedar
como el jilote en la caña.

69.

Yo soy indito mexicano
Que mantengo en un portal,
vendiendo jarros y molinillos,
también monitos de sololoy.

70.

El pato y la gallereta se fueron a casar,
Entre cuatro pipiringos los fueron a acompañar.
Estaban en la boda cuando llegó el gavilán:
—¡Arriba, 'mano pato, ya es hora de volar!
Y la pobre gallereta se quedó muda y sin hablar.

71.

Pelón, pelonete,
cabeza de cohete,
pasó por la villa
vendiendo cajetes
a real y a cuartilla.

72.

Señora Santa Ana, carita de luna,
duérmeme este niño, que tengo en la cuna.
Señora Santa Ana, Señor San Joaquín,
Que están en el cielo, tocando el violín.

Señora Santa Ana, ¿por qué llora el niño?
Por una manzana que se le ha perdido.
—Si se le ha perdido yo le daré dos,
una para el niño y otra para Dios.

73.

Mañana domingo se casa Benito
con un borreguito que sepa bailar.
¿Quién es la madrina? Doña Catarina.
¿Quién es el padrino? Don Juan Botijón.
¿Con qué hacen la boda? Con un sangilón.

74.

Sana, sana, colita de rana,
tire un pedito para ahora y mañana.
Se dice al tallar la herida a un niño.

75.

Pollito, sí, pollito, no,
Por esos ojitos me muero yo.
Se dice a los niños.

76.

Pon, pon.
la manita en el bolsón.
Saca medio pa jabón
Pa lavarte tu calzón.

77.

Patito morado, color de café
si tú no me quieres, pues yo moriré.

78.

Allá está la luna, comiendo su tuna,
tirando las cáscaras para su laguna.
Allá está la estrella, comiendo salea,
Tirando pedazos para la azotea.

79. Los listones

Que hay un grupo, y hay un diablo y un ángel. Entonces se retiran, cada uno por separado. Y cada uno del grupo se pone un nombre de color. Por ejemplo, éste es rojo . . . o azul, o negro . . . del color que quieran, en secreto, sin que nada . . . no se oiga. Entonces ahí dicen:

—Tan, tan, que venga el diablo.

Entonces le dicen: —¿Qué quería?

Dice: —Un listón.

Y le dicen: —¿De qué color?

—Pos, color de . . . rojo.

—Pos, váyase con su pata roja, porque aquí no hay rojo.

Si no hay rojo, ¿verdad? Y entonces viene el ángel y luego dice:

—Tan, tan.

—¿Quién es?

—El ángel.

—¿Qué quería?

—Un listón de color . . . verde.

Y entonces si hay color verde, entonces se lo lleva. Y así están llevándoselos todos, poquito a poquito.

NORAH ALEMANY

80. La cebollita

Se sientan uno detrás de otro, ¿verdad? Y uno tiene que agarrar al otro y el otro al otro y el otro al otro, así . . . . [La informante hace un gesto que indica que un niño se sienta detrás de otro, teniéndolo con las manos. Los niños así forman una cadena.] Y dice uno que llega a la línea, . . . ¡Aa! Primero le preguntan: —¿Quién quiere cebolla?

Y dice: —El rey quiere una cebolla.

Y no se la quieren dar.

Entonces arranca a uno de la colita, pero los otros no se dejan y estan . . . y tiran y tiran hasta que se suelta.

NORAH ALEMANY

81.

Cuando el niño tiene unos seis meses o ya se puede sentar y hasta la edad de dos años, el siguiente es muy favorito:

> Reque, reque, requesón,
> pide pan y no le dan.
> Pide queso y le dan un hueso
> pa que se rasque el pescuezo.

Al cantar las primeras tres líneas, se coge el niño de las dos manitas y se mece para atrás y para adelante. En la última línea se deja caer para atrás sobre la cama o una almohada y se le hace cosquillas en el pescuezo.

FRANK B. AGUILAR

82.

Para poner a dormir al niño se repite esta canción con monotonía muchas veces. La canción no tiene mucha tonada:

> Lulu que lulu
> que San Camaleón,
> debajo de un hueco
> salió un ratón.
> Mátalo, mátalo
> de un guantón.
> Este niño quiere
> que le cante yo.
> Cántele su mama
> que ella lo parió.

FRANK B. AGUILAR

83.

Todavía cuando el niño está pequeño, se le canta esta cancioncita para entretenerlo:

> Luna, luna, come la tuna
> en la laguna.
> ¿Quién se la comio?

Con las primeras dos líneas, se acerca la mano desde arriba hasta las costillas o el estómago. La mano se abre y se cierra. Con la última línea, se le hace cosquillas y el niño pide más.

FRANK B. AGUILAR

84.

El siguiente es un juego para los niños hasta los dos o tres años:
—Hace la mocita
en la cabecita
con la piedra grande
y la chiquitita.

Se le coge la mano al niño y se le tienta la frente con ella. A la palabra "chiquitita" se trae la mano a las costillas para hacerle cosquillas. El niño pronto aprenderá a hacerlo a sí mismo cuando se le canta la canción.

FRANK B. AGUILAR

85.

Cuando los niños están más grandes, son muy favoritos los siguientes juegos [Nos. 85 and 86].
Pin pin
sarabín.
Yoqui yoqui
pasaré
por los lagos
de San Juan.

Este es un juego como el que le llaman "Iny mini miny moe" los norteamericanos. Se apunta a cada niño con cada palabra y el que acaba en "San Juan" se quedó por fuera.

FRANK B. AGUILAR

86.

Las calabacitas se queman, se queman.
El que no se abrace se queda de burro.

Todos los niños se cogen las manos en rueda, y al cantar la canción dan vuelta. Cuando se termina la canción, todos se abrazan y el que no se abraza se queda de burro y se queda la siguiente vez dentro de la rueda.

FRANK B. AGUILAR

PASTORELA

87.
(fragment)

San José: Eterno Dios de Abraham,
(soliloquio)   Isaac y de Jacob,
              si me dais angustias, dadme
              fortaleza como a Job.
              Pobre humilde carpintero
              sin posada y peregrino,
              Señor, Dios de Israel,
              de vos pende mi destino.
              Venga, Señor, sobre mí
              el frío y la nieve helada
              pero librad a mi esposa,
              niña tierna y delicada.
Virgen: Amado esposo José,
              dulce compañero mío,
              ¿por qué tan solo y tan triste
              estáis al rigor del frío?
              Aquí tenéis vuestra capa.
              Abrigaos, amado esposo;
              caminemos a Belén
              que padecer es forzoso.
              Esta noche han de cumplirse
              lo que los santos profetas
              tienen ya vaticinado,
              que en un portal nacerá
              el niño Dios humanado.

              . . . . .

Pastor   ¿A dónde vais?
(con cuernos)
Pastora   Voy en pos
              de la dicha y el contento.
              Voy a ver el nacimiento.
Pastor   ¿De quién?
Pastora   ¡Del hijo de Dios!

Pastor	¿Y tan solita?
Pastora	No he menester compañía.
Pastor	Ven y sentémonos los dos
	debajo de esta encina.

(La pastora se sienta)

Y qué bien te sentaría
en esos pulidos dedos
una elegante sortija.

Pastora	Pero como no la tengo.

. . . . .

Gila	En Belén está la gloria,
	Bartolo, vamos allá.
Bato	Si la gloria quiere verme
	venga la gloria acá.

ARMANDO ESCALANTE

RIDDLES

88. Untitled

Lana sube, lana baja.
Se dan tres contestaciones:
1. la navaja (la contestación tradicional)
2. el dólar ("lana" quiere decir "dinero".)
3. un borrego en un elevador (contestación moderna)

    Fui a la iglesia,
    subía a la grada,
    volteé para atrás
    y no vi nada.

                la granada

    La madre en la carnicería,
    el padre en el mar
    y el hijo en la iglesia.

                la pulpa, el pulpo
                y el púlpito

    Entre abril y mayo un árbol floreció;
    abril le pregunta a mayo: —¿duras?
    y mayo le contesta: —no.

                el durazno

    El que la hace no la goza,
    el que la ve no la desea,
    todos la necesitamos
    y ninguno la pelea.

                la sepultura

    Delante de Dios estoy
    entre cadenas metida.
    A veces me suben,
    a veces me bajan,
    a veces muerta
    y a veces viva.

                el incienso

Ya ves, qué claro es.
Adivínamelo qué es.

                        la llave

Alicón que no tiene con,
ni cola ni pico,
y el aliconcito chiquito
tiene pies, colita y pico.

                        la gallina y el huevo

Cielo arriba y cielo abajo
y agua en medio.

                        el coco

Entra lo duro a lo blando
y quedan las bolas colgando.

                        el arete

Una vieja loca
con las tripas en la boca.

                        la guitarra

Blanco arriba, blanco abajo
y amarillo en medio.

                        el huevo

Caja de pon pon,
que no tiene tapa ni tapón.

                        el huevo

Cartas van y cartas vienen
y en el aire se detienen.

                        las nubes

Una señora muy aseñorada,
llena de remiendos y sin una puntada.

                        la gallina

Oye, cacarizo,
no empujes a la niña.

                        el dedal y la aguja

Redondito, redondón,
que no tiene tapa ni tapón.

el anillo

Duro es y la gente dice
que no es.

el durazno

Sombrero sobre sombrero,
sobre un rico paño.
el que me lo adivinare
le doy de tregua un año.

el repollo

Entre cinco encuerados llevan un muerto
con el hábito blanco y el corazón prieto.

el cigarro

En una puerta oscura vide
mucha gente entrar,
todos en gran apretura
y cada quien en su lugar.

la granada

Rita, Rita, que en el campo salta y grita
y en la casa silencita.

el hacha

Una vieja panda, panda,
que no deja rincón que no anda.

la escoba

Una casa bonita,
blanca como la nieve.
Todos la saben abrir
pero nadie la sabe cerrar.

el huevo

PROVERBS

Proverbs and sayings included in this section are classified either upon the theme which the proverb treats or the form in which it is expressed. The section titles reflect these divisions.

89. Love and Marriage

A las mujeres ni todo el amor, ni todo el dinero.

El que feo ama, lindo le parece.

Amor de lejos, amor de pendejos.

[Variant: Amores de lejos sólo los pendejos.]

Cásate Juan y las piedras te darán.

Cásate y lo sabrás.

Con amor nada se siente; no más las dolencias quedan.

Del amor no se vive.

Donde hay dos que se quieren bien, con uno que coma basta.

Niña bonita, carne para los lobos.

No lloran, pero se acuerdan.

No te cases con un viejo por dinero porque el dinero se va y el viejo se queda.

Nunca beses a un viejo porque los besos de viejo no tienen sal.

Ojos que no ven, corazón que no siente.

Quien bien te quiere te hará llorar; quien mal te quiere te hará reír.

Son más frescas las tardes que las mañanas.

[Se dice de los viejos que se quieren hacer jóvenes.]

90. Fate

Adelante con la cruz a cuestas.

Le salió el tiro por la culata.

[Se dice de la persona que en vez de ganar resulta perdiendo.]

A falta de pan buenas son semitas. [i.e., acemitas]

[Hay que conformarse con lo que hay.]

A cada puerco se le llega su San Martín.

Al más vivo se le van los pies.

[Cualquier persona puede equivocarse.]

Al que Dios le ha de dar, por las troneras le ha de entrar.

El que ha de ser barrigón aunque lo fajen chiquito.

[Se dice del que tiene sus malas mañas. Nadie se las quita.]
Cada quien lleva su cruz pesada.
Con el tiempo y un ganchito hasta los de arriba caen.
　　[Se dice de la gente que se cree perfecta.]
De la muerte no se escapa.
Del dicho al hecho hay un gran trecho.
Dios da y quita lo que El cree que le conviene.
El que escupe para arriba a la cara le cae.
　　[Se dice de gente admirada que cree que nunca hará nada mal.]
El que nació para maceta nunca pasa del corredor.
El que nace pa tamal, hasta del cielo le caen las hojas.
El que por su guesto es buey hasta la coyunda lambe.
　　[Variant: El que quiere ser buey hasta la coyunda lambe. Se dice de
　　una persona que le gusta sufrir.]
En el pañuelo más blanco cae la mancha.
Las cosas se toman del quien vienen.
Nadie sabe para quien trabaja.
No hay nada más seguro que la muerte.
Pajaritos somos y en el campo andamos.
　　[Siempre existe el peligro de que nos pase algo.]
Se entra por el ojo de la ahuja primero que un rico se salve.

91. Health and Medicine

A buen hambre no hay mala salsa.
A buen hambre no hay pan duro.
A tu casa, a la ajena, con la barriga llena.
Barriga llena, corazón contento.
Con hambre no hay mal pan.
Come torta compuesta de noche, indigestión te aseguras.
El enfermo que come y mea, el diablo que se lo crea.
El que come y canta, loco se levanta.
　　[No se debe cantar cuando está uno comiendo.]
El que hambre tiene en pan piensa.
El que tiene hambre atiza la olla.
Las penas con pan son buenas.
Primero comer que ser cristiano.
Tengo hambre. Suéltela a la calle que ande.

92. Manners and Superstitions

La cáscara guarda el palo.

[Se dice de los que no se bañan.]

La costumbre es ley y el saber no estorba.

Donde bailan y tocan, todos embocan.

El que mucho se despide poca gana tiene de irse.

El lunes ni las gallinas ponen.

En martes no te cases ni te embarques.

93. Patience

A cada puerco se le llega su San Martín.

A cada santo se le llega su función.

A todo roto le llega su remiendo.

A dale y dale los palitos sacan lumbre.

[Se dice de la gente terca.]

El que entra en la casa del jabonero si no cae resbala.

[El que busca halla.]

Con paciencia se gana el cielo.

Paciencia, piojo . . . que la noche es larga.

94. Appearances

Al que de ajeno se viste, en la calle lo desvisten.

Canas en la oreja, ni la duda deja.

Caras vemos, corazones no sabemos.

Creen que la luna es queso porque la ven redonda.

Cuerpo de tentación, cara de arrepentimiento.

El hábito no hace al monje pero le da apariencia.

[Variants: El hábito no hace el fraile. El hábito no hace al santo.]

De noche todos los gatos son pardos.

[De noche no se distinguen detalles de ninguna índole.]

Traga frijoles y erupta jamón.

[Se dice de una persona humilde que se echa gran aire.]

La que viste de amarillo, de su hermosura se atiene.

95. Legal Proverbs

La curiosidad es pena; el curioso se condena.

Explicación no pedida, culpa manifiesta.

> [Variant: Satisfación no pedida, acusación manifiesta.]

Favor no pedido no tiene que ser agradecido.

El que inocentemente peca inocentemente se condena.

Ladrón que roba a ladrón, tiene cien años de perdón.

Al que niega no lo ahorcan.

A pedrado dado, ni Dios lo quita.

El ofrecer no emprobece; el dar es el que destruye.

Tanto peca el que mata la vaca como el que le detiene la pata.

> [Variant: Tanto peca el que se roba la vaca que el que le tiene la pata.]

Todos queremos ser tratados como hijos de Dios o hijos del diablo.

> [Queremos ser tratados con igualdad.]

Lo que se usa no se excusa.

Con la vara que midas serás también medido.

> [Variant: Así como tú juzgas seras juzgado.]

La verdad no peca pero incomoda.

96. Experience and Advice

El que no toma consejo, nunca llegará a viejo . . . porque más sabe el diablo por viejo que por diablo.

> [Variant: El que no agarra consejo no llega a viejo.]

Echando a perder se aprende.

A ver si así como roncas, duermes.

Al trabajo y a los golpes, sácales lo más que puedas.

97. Silence and Talking

En boca cerrada no entran moscas.

Los locos y los borrachos siempre dicen la verdad.

El que mucho habla mucho yerra.

Más pronto cae un hablador que un cojo.

98. Business

El que abona quiere pagar.

Cuide lo suyo y lo ajeno que lo cuide Dios.

Dan, dan, sólo las campanas de la iglesia.

Lo fiado es pariente de lo dado.

A medias, ni en los pies.

Música pagada toca mal son.

[Variant: Músico pagado toca mal son.]

El que mete paz, saca más.

Peso en mano, chivo fuera.

[No se fía.]

Con dinero baila el chango.

[Con dinero todo se consigue.]

Peso pagado, chivo brincado.

[Se dice de la persona que quiere comprar fiado.]

No tener pitos que tocar.

[Se dice de aquél que no tiene por qué meterse en el asunto que se discute o de aquél que no tiene negocios en cierta parte.]

Nunca preguntes lo que no te importa.

Tanto tienes, tanto vales.

De arriba abajo, cada quien con su trabajo.

¡Zapatera, a tus zapatos!

99. Appropriateness and Importance

De los arrepentidos se sirve Dios.

No se ataquen que no es boda.

[Se dice a una persona aprovechada.]

¿De qué te sirve la bacinilla de oro si vas a orinar sangre?

Aunque los dos sean de barro, no es igual bacín que jarro.

[Variant: Siendo todo de barro, no es lo mismo bacín que jarro.]

El burro le manda al perro y el perro le manda al gato.

En la tierra de los ciegos el tuerto es rey.

¿Para qué tantos brincos si el suelo está parejo?

A caballo dado no le veas el diente.

[Variant: A lo dado, se le busca colmillo.]

A lo dado no se le busca lado.

No me dé caballo que yo ya voy en burro.

[Se dice a la gente adulona.]

No hay quien al caído levante.

En casa de herrero, cuchara de palo.

Muchos cocineros echan a perder el caldo.

Cada chango a su mecate.

Hasta lo dado le amohina.

Muchas gracias por la flor; ya volveré por la maceta.

A fuerzas, ni los zapatos.

El que es buen gallo, en cualquiera parte canta.

Me hace lo que el aire a Juárez.

> [No me importa. Variants: No me hace ni frío ni cáliente. Tú, ni frío ni caliente. Ni me va ni me viene.]

Los hombres todos están cortados con la misma tijera.

¿A dónde irás que más valgas?

Cada loco con su tema.

No hay loco que coma lumbre, ni borracho que toque a la cárcel.

> [Se dice de un borracho abusón. Variant: No hay quien coma lumbre, ni loco que se caiga en un pozo.]

A los locos y a los tontos poco caso se les hace.

No es madre la que pare sino la que cría.

Meter cuchara para sacar frijoles.

> [Se le dice a un buscapleitos.]

Los mirones son de a palo.

No seas mono que te echan a bailar.

A mí no me asusta el muerto porque estoy curado de espantos.

El muerto al hoyo, al vivo el pollo.

De músico, poeta y loco, todos tenemos un poco.

Nadie muere por su gusto.

Nadien sabe lo que hay en la olla, no más que la cuchara que la menea.

El que pega primero pega dos veces.

Poquito veneno no mata.

Es bueno ser puerco pero no tan trompudo.

No te rajes, madera vieja, que para ocote te quiero.

No me hagan reír, que me falta un diente.

Río revuelto, ganancia de pescadores.

Es más el ruido que las nueces.

> [Significa que la cosa no tiene importancia. Es puro alarde.]

A buen santo te encomiendas.

Para el santo que es con un repique tiene.

> [Variant: Pa 'l santo que es con una campanada tiene.]

Ni tanto que queme al santo, ni tanto que no le alumbre.

> [Se dice de gente muy despreocupada.]

Nunca es tarde cuando la dicha es buena.

El valiente dura hasta que el cobarde quiere.

Cada viejo alaba su bordón.

Yerba mala no se muere y si muere no hace falta.

A los niños preguntones que preguntan "¿Qué es eso?" se les dice: ¡Miel con queso." También se les dice:

Cortapicos y tolondrones
para todos los preguntones.

100. Good Sense and Foolish Actions

Quien mucho abarca poco aprieta.

El que adelante no ve atrás se queda.

El que mucho se agacha las nalgas se le ven.

Borrego que bala pierde bocado.

[Aquel que se descuida pierde lo que le pertenece.]

Andar buscándole cinco pies al gato, sabiendo que tiene cuatro.

Andar buscándole ruido al chicharrón.

Camarón que se duerme se lo lleva la corriente.

Cuando veas las barbas de tu vecino afeitar, pon las tuyas a remojar.

Ese es de los que dan un biscocho y se sacan la panadería.

De favor la abrazan y quiere que la besen.

Apenas ves caballo y se te ofrece viaje.

Echarle mocos al atole.

[Cometer un error.]

Estar en todo menos en misa.

Ya que hace el favor, hágalo que se agradezca.

Al que el fuste no le guste que monte a pelo.

Sobre gustos no hay nada escrito.

Hágase lo que se debe, aunque se deba lo que se haga.

Haz el bien sin ver a quien.

Niño consentido en ningún lugar cabe.

Niño que no zurra, póngale sonda.

Quiere mamar, beber leche, y echarse chorros.

Si le viene el saco, póngaselo.

El sordo no oye pero compone.

Tápale el ojo al macho.

101. Friendship

A tu amigo pélale el higo, y a tu enemigo el durazno.

En la cárcel y en la cama se conocen los amigos.

Dime con quién andas y te diré quién eres.

Donde hay higos hay amigos.

Juntos, pero no revueltos.

[Todos juntos pero no revueltos.]

El mono nunca mira su rabo pero sí mira el de su compañero.
De los parientes y el sol, entre más lejos mejor.
Quien con los lobos anda a aullar aprende.

102. Work, Laziness, and Promptness

Agarra fama y échate a dormir.
A comer y a misa rezada a la primera llamada.
    [Variant: A misa y a comer, a la primera llamada.]
Dios dice: Ayudate, y yo te ayudaré.
Cuando el gato no está en casa, los ratones se pasean.
Del hombre trabajador y el hombre valiente no más la pura cruz queda.
Llegando y haciendo leña.
Nunca dejes para mañana lo que puedes hacer hoy.
El que madruga no lleva sol.
El flojo y el mentiroso jamás tienen reposo.
El flojo trabaja doble.
El que sabe la teje y el que no la embaraña.
¡Qué suerte tienen los flojos!
El trabajo no mata pero envejece.
¿A dónde va Vicente? A donde va la gente.
    [Se dice de los coleros.]

103. Cause and Effect

Al que anda entre la miel algo se le pega.
Cuando el río truena es porque piedras trae.
Donde hay cenizas hubo lumbre.
Déjate de ir a Belén que son caminos peligrosos.
    [Se le dice esto a una persona cuando uno quiere aconsejarla de que
    no haga algo que le pueda causar daño.]
El que se fue a la villa, perdió su silla.
Donde lloran hay muerto.
    [Variant: Donde lloran allí está el muerto.]
Al que mete la mano, le pica el gusano.
Para donde mira la vaca allí está el becerro.
Cuando digo que la mula es parda, es porque tengo los pelos en la mano.
¿De qué murió el quemado si no de ardor?
Piedra que rueda no crea lama.

104. Chance and Fortune

La oportunidad la pintan calva y cuando se presenta hay que cogerla de
  los pelitos que tenga.
De la mano a la boca se pierde la sopa.
Hablando del ruin de Roma cuando la cabeza asoma.
El que nunca tiene y llega a tener, loco se quiere volver.
Cuando hay dinero no hay pan; cuando hay pan, no hay dinero.
Andando las piedras se encuentran.
  [Se dice al encontrarse con un amigo que uno no ha visto por mucho
  tiempo.]

105. God and the Devil

El diablo no se va; se retira.
Dios me la da y San Antonio me la bendice.
Jesús te guíe y a mí me cuide.
  [Se dice cuando se desprende una paja de una estrella.]
En todos los hogares hay un Cruz Dios y un Cruz Diablo.
  [Uno bueno y uno malo.]

106. Wellerisms

Para lo que hay que ver, con un ojo basta, dijo el tuerto.
El comal le dijo a la olla: —Nalgas tiznadas.
—Quítate, porque no quiero que me tiznes, le dijo la olla al comal.
—Lo siento en el alma pero llorar no puedo, dijo el diablo y lo empujó al
  fuego.
—Veremos, dijo un ciego que nunca vió.
—Me canso, ganso, dijo un zancudo, cuando volar no pudo.
  [Se dice para indicar que uno es más hábil que lo que otros creen.]

107. Proverbial Comparisons

Andar como un chivo encerrado en una cristalería.
Es como Santo Tomás, ver y creer.
Ese es como perro de rancho; ni come ni deja comer.
Ese es como perro de rancho; ladra pero no muerde.
Ese viejo es como la cebolla tierna: la cabeza blanca, el corázón colorado
  y el rabo verde.
Está como la marrana de tía Cleta, no más poniendo oreja.
Se quedó como el que chifló en la loma.
  [Se dice de alguien que se queda desilusionado.]

Son como tijeretas, todo el tiempo contra la corriente.
Hace más una hormiga andando que un buey echado.
Más vale poco por conocido que mucho por conocer.
Vale más andar solo que mal acompañado.
Vale más bien quedada que mal casada.
Vale más llegar a tiempo que ser invitado.

108. Contrasts

Un bien con un mal se paga.
No hay bonita sin pero, ni feo sin gracia.
Mientras menos burros más olotes.
Candil de la calle y oscuridad de su casa.
  [Se dice del que se preocupa de todo menos de su casa.]
Debo no niego, pago no puedo.
A gato viejo, ratón tierno.
Haz cosas malas que parezcan buenas pero no buenas que parezcan
malas.

109. Proverbial Phrases

Andar con una mano por delante y otra por detrás.
  [Se dice de las personas que siempre quieren algo por regalado.]
¡Uy! ¡Hasta eso tiene la calabaza . . . mala y entripadora!
¡A callar, mamones, que ya llegó su chiche!
¡Ay, Chihuahua! ¡Cuánto Apache, cuánto indio sin guarache!
El diablo está en Jamaica.
  [Se dice de una persona que al fin está haciendo algo después de
    mucho pedirle que lo haga.]
¡Silencio, ranas, que va a predicar el sapo!
  [Se dice en las funciones públicas cuando alguien quiere tomar la
    palabra.]
Todo el día se me fue en pitos y flautas.
Puede que sí, puede que no; lo más probable es que quién sabe.
Cuando San Juan baje el dedo.
  [Quiere decir "nunca."]
A volar, gorriones, que ya llegó el buitre.
  [Es para prevenir a los inocentes.]
Están pagando las deudas los labradores.
  [Se dice cuando llueve y hace sol a la vez.]

110. Tria sunt

Hay tres cosas a las que no hay que hacer caso: lágrimas de cocodrilo,
  cojera de perro, y arrepentimiento de mujer.

CUSTOMS

111. El bautismo

Cuando la mujer está *gorda,* espera niño, es el costumbre pedir al ahijado entre familiares y amistades. Los padres lo ofrecen. Es preciso bautizar al niño inmediatamente después de los cuarenta días, especialmente si el niño ha sido un poco enfermo. Un niño no entra al cielo si no es bautizado y muere. Por eso mismo, siempre se tiene un frasco de agua bendita en la casa para algún apuro. Cualquier vecino o amigo puede bautizarlo con agua bendita.

Cuando ya los padrinos se ofrecieron, se arregla la fiesta para tal día. Los padres sólo bautizan en domingos y con precipitación. Los padrinos le traen el traje de bautismo al niño. Lo alistan y se lo llevan a la iglesia. Cuando vuelven, lo primero que hacen es entregarse al ahijado. Primero la comadre entriega al niño a la madre diciendo:

> Aquí le traigo esta prenda
> que de la iglesia salió
> y los santos sacramentos
> que recibió.

La madre dice: Lo recibo con gusto.

Luego el compadre hace igual con el padre. Entonces todos se abrazan y ya son compadres. Desde entonces los compadres se interesan mucho del niño. Le dan regalos y ayuda si la necesitara. Cada ahijado que uno tiene es un escalón al cielo. Por eso es preciso tener muchos y así llegar al cielo.

Cuando vuelven de la iglesia con el niño los padrinos tienen que dar el *bolo.* Esto no sólo consiste en chocolate y pan de huevo, sino que el padrino arroja toda su feria de la bolsa para toda la familia y amistades que han venido al bautismo. Los padrinos fanfarrones dan una fiesta y hasta a veces sigue el baile toda la noche.

FRANK B. AGUILAR

112. Bodas

Cuando unos jóvenes se quieren casar, los padres del joven tienen que ir a pedir a la muchacha. Si los padres de la muchacha aceptan, siguen los planes para la boda. Primero se arreglan la velación en la iglesia, y el día y hora de la boda. Casi todo el tiempo la boda se celebraba en domingo pero ahora es más de costumbre en sábado, como que no se trabaja ese día.

Las invitaciones se hacían de boca o por carta a todas las amistades. Los padres de la muchacha se encargan de buscar padrinos y los padres del muchacho se encargan de hacer todas las preparaciones para la boda. El joven y su familia pagan por todo aunque la boda se celebre en casa de la joven. Ese es el *don* del joven. El padre de la joven también les puede hacer un regalo a los jóvenes en forma de dinero o propiedad, si tiene.

El día de la boda, el joven se va con tiempo y espera frente al altar sin voltear la cabeza. El padrino lo acompaña. La madrina ayuda a la novia y la acompaña a la iglesia hasta el altar.

Al salir de la iglesia, los novios se pueden besar y todos les tiran arroz para que nunca les falte la comida en su casa.

Todos regresan a la casa de la novia donde ya está preparado el chocolate y pan de huevo. Los novios comen el desayuno. Luego sigue el baile todo el dia y muchas veces hasta otro día.

FRANK B. AGUILAR

113. El velorio a un santo

Cuando una persona es muy devota a un santo o hace una promesa o pide un favor, muchas veces hace un velorio. Arregla una estampa o estatua del santo y la adorna muy bonito con velas y flores.

La familia que va a tener el velorio invita a todas sus amistades a que vengan a rezar y busca una rezadora que sabe rezos de memoria. Además prepara una buena comida para después del rezo. Sigue una tertulia muy divertida entre las mujeres adentro y entre los hombres afuera. Muchas veces vuelven a rezar después de la comida. Las velas quedan prendidas toda la noche.

Es muy conocido que el que no paga las mandas será castigado por el santo. Ya sea con mala salud o suerte. Muchas veces se dice que cuando uno tiene mala suerte es porque debe una manda y tal santo se la está cobrando.

FRANK B. AGUILAR

74

114. El velorio a un difunto

El velorio para un difunto se hace para la siguiente noche después de la muerte. Una rezadora viene a rezar los rezos por el descanso del alma del difunto.

Más antes el velorio se hacía en la propria casa. Los muebles se sacaban de la sala y todas las amistades venían a ver el cuerpo presente y a dar el pésame a los dolientes, que vestidos de negro se sientan en otro cuarto. Unos se van después de un rezo, pero otros se quedan toda la noche porque a ningún momento debe de estar el difunto solo. A medianoche era necesario dar una comida para los presentes. Cuando amanecía todos se iban a descansar un rato para luego acompañar a los dolientes a la misa y luego al funeral que seguía.

Después en el ceminterio todos van y cogen una poquita de tierra en la mano, la besan y la echan sobre el cajón. Muchos vuelven a la casa del doliente con comida o solamente a volver a dar el pésame. Por un marido la viuda usa negro por un año. También por un padre o hermano o hermana. Por parientes más lejos, de tres a seis meses de luto. Durante este tiempo no se asiste a bailes o al cine, ni tampoco se oye música.

FRANK B. AGUILAR

E DUE